Mathias Jung

LebensFluss

Hermann Hesses Siddhartha

Eine tiefenpsychologische Interpretation

die
gelbe
reihe

In dankbarer Erinnerung an
Dr. Siegfried Unseld,
den großen Verleger
Hermann Hesses

Mathias Jung

LebensFluss

Hermann Hesses Siddhartha
Eine tiefenpsychologische
Interpretation

die
gelbe
reihe

ISBN 3-89189-100-8
1. Auflage, 2002
Umschlagfoto: Martin Gutjahr-Jung
Karikaturen: Reiner Taudien
Umschlaggestaltung: Martin Gutjahr-Jung

Gesamtherstellung: Kösel, Kempten

Inhalt

Weltkrise

Ich glaube an keine religiöse Dogmatik, also auch nicht an einen Gott, der die Menschen geschaffen hat und es ihnen ermöglicht hat, den Fortschritt vom Einandertotschlagen mit Steinbeilen bis zum Töten mit Atomwaffen auszubilden und auf ihn stolz zu sein. Ich glaube also nicht, dass diese blutige Weltgeschichte ihren „Sinn" im Plan eines göttlichen Regenten habe … Aber dennoch habe ich einen Glauben, ein zum Instinkt gewordenes Wissen oder Ahnen um einen Sinn des Lebens.

Hermann Hesse
Brief, 1955

Als im Jahr 2002 die 14. Shell Jugendstudie von den Wissenschaftlern des Sozialforschungsinstituts INFRATEST und der Universität Bielefeld vorgelegt wurde, zeigte sich die deutsche Öffentlichkeit schockiert. Denn als aufrüttelndes Ergebnis der Befra-

JEDER HAT'S GEHABT. KEINER HAT'S GESCHÄTZT.
JEDEN HAT DER SÜSSE QUELL GELABT –
O, WIE KLINGT DER NAME FRIEDE JETZT.

›HERMANN HESSE‹

gung von zweitausendfünfhundert Jugendlichen zwischen fünfzehn und fünfundzwanzig zu Wertevorstellungen, politischen Ansichten und Lebensplanung ergab sich eine große Parteien- und Politikverdrossenheit des Nachwuchses. Nur noch dreißig Prozent der Jugendlichen in diesem Alter bezeichnen sich selbst als politisch interessiert. Heutige Jugendliche sind weniger gesellschaftskritisch als frühere Generationen.

In der Freizeit steht an oberster Stelle *toll aussehen*, gefolgt von Karriere, Technik, Treue zum Partner und *Markenkleidung tragen*. Zwei Drittel der Jugendlichen wollen *Verantwortung übernehmen*. Sie studieren, sie bejahen ein Europa im Zeichen des Euro und sie neigen einem – überwiegend kirchenfernen – Glauben an ein göttliches Prinzip zu. Bei den Freizeitbeschäftigungen gehören die Hauptschüler zur auffälligsten Gruppe. Jugendliche aus der Unterschicht sind in der Freizeit häufig passiv. Sie lieben Fernsehen, Videos, Rumhängen. Dagegen sind ihre Alterskameraden aus der Oberschicht sportlich aktiv, lesen Bücher oder chatten im Internet. Die Shell Jugendstudie bezeichnet die Yuppie-Generation als *Egotaktiker.* Angesichts der Kommunikationsverweigerung der einen Jugendgruppe und der kühlen Rationalität und des Konsumdenkens der anderen, kommen selbst der konservativen, Ruhe und Ordnung favorisierenden *Frankfurter Allgemeinen Zeitung* Bedenken. Sie schreibt (20. 08. 2002): *Bedenklich stimmt das enorme Sicherheitsbedürfnis heutiger Jugendlicher sowie ihre Orientierung an äußeren Wertvorstellungen. Offenbar fehlt es an inneren Orientierungen, die auch dann tragen, wenn Erfolg und Leistung ausbleiben, wenn der Berufsweg jäh beendet wird und plötzliche Leere droht. Glaube und Weltanschauung werden ihnen keine Stütze sein. Diese spielen so gut wie keine Rolle mehr. Wo finden Jugendliche ihre inneren Leitbilder?*

Hermann Hesse war ein Dichter und Denker, der zwar keine Leitbilder aufstellte, aber gerade den jungen Menschen zur Suche nach seinem inneren Weg ermunterte. Aus Anlass seines 125. Geburtstages befragte die in Koblenz erscheinende *Rhein-Zeitung* Jugendliche nach ihren Kenntnissen über den Nobelpreisträger von 1946. *Johanna* (17) meinte: *Ich weiß, dass Hesse Gedichte und Geschichten verfasst hat. Ich habe ein Buch von ihm gelesen, komme aber nicht auf den Titel. Marie* (18) bekannte einen schulischen Notstand: *Ich habe schon ein Gedicht von ihm gelesen. In der Schule ist Hesse bislang nur im Geschichtsunterricht behandelt worden. Maria* (17) kapitulierte: *Wer ist Hermann Hesse? Der Name des Mannes kommt mir irgendwie bekannt vor. Schrieb er nicht einige Gedichte?*

Fündiger wurde die Illustrierte *STERN* in einer Befragung von Studenten. *Lea* ist durch eine besondere Erzählung von Hesse aufgewacht: *„Siddhartha" ist ein Buch, das mich sofort angesprochen hat, und ich konnte es kaum noch aus der Hand legen, als ich anfing zu lesen. Es gab mir Kraft, aus den Zwängen meiner Ängste, Zweifel und Vorurteile gegenüber Neuem auszubrechen und neue Wege einzuschlagen. „Siddhartha" zeigte mir vor allem, wie ich aus guten und schlechten Erfahrungen Erkenntnisse für meinen weiteren Lebensweg ziehen kann und somit immer ein kleines Stückchen mehr von meiner Naivität und Orientierungslosigkeit überwinden kann. Ich glaube, dass „Siddhartha" mir die Augen geöffnet* *hat und ich die Dinge positiver und bewusster wahrnehmen kann.*

*

Hesse also immer noch und schon wieder eine Kultfigur für den sensiblen Teil der Jugend? Alleine in Deutschland gehen monatlich rund 35 000 „Hesses“ über den Ladentisch. Sie sind Long- und Bestseller. Sie wurden in sechzig Sprachen, darunter ein Dutzend indische Dialekte, übersetzt und insgesamt über einhundert Millionen Mal verkauft, die Raubdrucke nicht eingerechnet. Allein die Auflagenzahl von *Siddhartha* liegt bei über zehn Millionen. In den USA der Hippiebewegung wurden der *Siddhartha* und Hesses *Steppenwolf* zu Kultbüchern eines neuen freien Lebensgefühls. Das *Phänomen Hesse* hat wohl etwas mit der Zartheit und Zerbrechlichkeit, der Krisenanfälligkeit und dem Trostbedürfnis des Menschen zu tun.

Hesse liest man wohl kaum aus ästhetischem Vergnügen allein, obgleich der Duktus seines Schreibens voller Eindringlichkeit, Harmonie und schwingender Rhythmik ist. Hesse liest man nicht mit der distinguierten literarischen Raffinesse, mit der man sich einem Text Thomas Manns nähert, obgleich beide Dichter sich als Freunde schätzten und die größten poetischen Vertreter des Humanismus im Deutschland des zwanzigsten Jahrhunderts waren. Hesse erkundet man eher mit unruhig pochendem Herzen, mit vielfältigen seelischen, philosophischen oder religiösen Fragen in der Brust. Hesse zu lesen heißt, sich auf die Suche zu sich selbst zu begeben.

*

Auf der Höllenreise durch mich selbst, mit diesen Worten beschreibt Hesse in seinem *Kurzgefassten Lebenslauf* 1924 die zehn zurückliegenden Jahre seines Lebens. Sie waren von der Weltkrise und privaten Schicksalsschlägen bis ins Mark erschüttert worden. Privat hauste Hesse allein in einer kalten Mietwohnung der *Casa Camuzzi*, in dem bei Lugano gelegenen verschlafenen Tessiner Dorf Montagnola. Ein Leben in fremden, gemieteten Möbeln! Seine Ehe war zerrüttet. Die Ehefrau Maria Bernoulli, aus der großen Baseler Mathematikerfamilie, war in die geschlossene Abteilung der kantonalen Nervenanstalt des Tessins in Mendrisio gebracht, die drei Kinder Bruno, Heiner und Martin bei Verwandten in der Innerschweiz untergebracht worden. Durch Inflation und Devisensperre wurde der Dichter von der deutschen Hauptquelle seiner Tantiemen abgeschnitten. Die finanzielle Lage gestaltete sich miserabel. Hesse: *An Heizen und neue Wäsche darf ich nicht denken, es herrscht Armut, ja Schäbigkeit.* Und: *Ich war jetzt ein kleiner, abgebrannter Literat, ein abgerissener und etwas verdächtiger Fremder, der von Milch und Reis und Makkaroni lebte, seine alten Anzüge bis zum Ausfransen auftrug und im Herbst sein Abendessen in Form von Kastanien aus dem Walde heimbrachte.*

Aber weitaus schlimmer war der geistige Zusammenbruch der alten, so gesichert scheinenden Welt durch den furchtbaren Krieg von 1914–1918. Seine Bilanz war schauerlich und bis dahin einmalig in der Weltgeschichte: 8,5 Millionen Tote. Millionen verkrüppelter Männer. Wie hatte so etwas geschehen können? Was war aus dem völkerverbindenden Geist der abendländischen Aufklärung geworden? Hesse hatte, nach anfänglicher Kriegsbegeisterung, früh gegen die Barbarei protestiert. Am 3. November 1914 veröffentlichte er in der *Neuen Zürcher Zeitung* seinen berühmt gewordenen Aufsatz *O Freunde, nicht diese Töne: Die Überwindung des Krieges ist nach wie vor unser edelstes Ziel und die letzte Konsequenz abendländisch-christlicher Gesittung … Dass das Leben wert sei, gelebt zu werden, ist der letzte Inhalt und Trost jeder Kunst … Dass Liebe höher sei als Hass, Verständnis höher als Zorn, Friede edler als Krieg, das muss ja eben dieser unselige Weltkrieg uns tiefer einbrennen, als wir es je gefühlt haben.*

Hesse lernte das Leid des einfachen Soldaten kennen, als er 1914 bis 1919 im Auftrag der Deutschen Botschaft in Bern für die Kriegsgefangenenfürsorge arbeitete, Zeitungen für sie herausgab und eine *Bücherei für deutsche Kriegsgefangene* organisierte. Noch war er deutscher Staatsbürger, erst 1923 wurde er in der Schweiz naturalisiert. Die kriegerische Weltkrise hielt den Dichter in Atem. Später erinnert er sich: *Auch ich war einmal in meinem Leben genötigt, meine ganze Stille, beschauliche Philosophie wegzuwerfen und mich bis zum Verbluten an den Tag hinzugeben. Das war, als der Krieg kam, und für nahezu zehn Jahre war der Protest gegen den Krieg, der Protest gegen die rohe, blutsaufende Dummheit der Menschen, der Protest gegen die „Geistigen", namentlich die den Krieg predigten, für mich Pflicht und bittere Notwendigkeit.*

Im schroffen Gegensatz zu seinem damals noch kriegsbegeisterten Freund Thomas Mann wurde Hesse zum kämpferischen Pazifisten und damit zu einem der meistgehassten Objekte der deutschen Kriegspresse. So schrieb das *Kölner Tagblatt* 1915 in einem vielfach nachgedruckten Artikel: *Wie ein Ritter von der traurigen Gestalt … zieht der Drückeberger Hermann Hesse daher, als vaterlandsloser Gesell, der längst innerlich den Staub der heimischen Erde von seinen Schuhen geschüttelt hat.*

Unterstützung fand Hesse vor allem bei seinem französischen Freund Romain Rolland, dem Dichter des Friedens und der deutschfranzösischen Verständigung. Der große Franzose, der 1915 den Literaturnobelpreis erhielt, beglückwünschte Hesse zu seinem Mut und arbeitete über die Grenzen hinweg mit ihm zusammen am Friedenswerk. Für den Bücherdienst der deutschen Kriegsgefangenen spendete Hesse reichlich aus seiner eigenen Bibliothek, sammelte bei seinen Freunden, gab Annoncen auf und bettelte öffentlich für Geld und Gaben vom Sachbuch bis zu den Klassikern. Er legte selbst Hand an, verpackte, verschnürte, frankierte und verschickte die geistigen Liebesgaben zur Bildung und Tröstung der Gefangenen.

Der Krieg ist noch keine zwei Monate alt, als Hesse sein ergreifendes Gedicht vom Frieden schreibt:

Jeder hat's gehabt,
Keiner hat's geschätzt,
Jeden hat der süße Quell gelabt -
O wie klingt der Name Friede jetzt!

Die Welt taumelt aus dem Abgrund. In Deutschland fegt die Novemberrevolution mit ihren Arbeiter- und Soldatenräten 1918 Kaiser Wilhelm II. und die Monarchie hinweg. Die Mehrheitssozialdemokratie besetzt die Regierungsgewalt und würgt mit Ebert und Noske die Revolution ab. Karl Liebknecht und Rosa Luxemburg werden erschossen, der – hilflose – Spartakusaufstand in Berlin wird im Blut ertränkt. Das deutsche Volk ist politisch polarisiert, die Hakenkreuzler betreten bereits die Bühne. Die Welt redet von Politik und schreit nach neuen Programmen. Die *Dolchstoßlegende* (*Das deutsche Heer im Felde unbesiegt*) unterminiert die erste deutsche Republik. Die Reaktion spielt auf Grenzrevision und Revanche. Zu Ende ist *die Welt von Gestern*, das *goldene Zeitalter der Sicherheit*, wie Stefan Zweig in seinen *Erinnerungen eines Europäers* zwanzig Jahre nach Ausbruch des Ersten Weltkriegs im brasilianischen Exil klagt.

Wie soll es weitergehen? Das geistige Chaos ist beklemmend. In dieser Situation schreibt Hermann Hesse seine politische Flugschrift *Zarathustras Wiederkehr. Ein Wort an die deutsche Jugend von einem Deutschen.* Er offeriert ein verblüffendes, weil existenzielles Angebot:

Wir müssen nicht hinten beginnen, heißt es da, *bei den Regierungsformen und politischen Methoden, sondern wir müssen vorn anfangen, beim Bau der Persönlichkeit, wenn wir wieder Geister und Männer haben wollen, die uns Zukunft verbürgen.*

Die Deutschen, so registriert der Dichter, hätten sich seit Jahrzehnten in blinde Betriebsamkeit und Verdrängung geflüchtet: *Erst opfertet Ihr dem Gott des Lärms und der Betäubung, hattet alle Hände voll zu tun, hattet niemals Zeit, zu leiden, zu hören, zu atmen ... und als das Tun nichts mehr half ..., da vergrößertet ihr euer Tun, da schuft ihr euch Feinde, erst in der Einbildung, dann in der Wirklichkeit, da gingt ihr in den Krieg, da wurdet ihr Helden! Ihr habt erobert, ihr habt das Unsinnigste ertragen, ihr habt das Riesigste gewagt. Und jetzt? Ist es jetzt gut? ... O nein, es schmeckt bitterer als jemals, und darum eilt ihr zu neuen Taten, stürmt und schreit, wählt Räte und ladet wieder die Gewehre. Dies alles, weil ihr ewig auf der Flucht vor dem Leiden seid! Auf der Flucht vor euch selbst.*

*

Hört auf die Stimme, die aus euch selber kommt! Wer das fordert, ist kein blutleerer Schreibtischtäter, sondern ein Mensch, der mutig in seine eigenen Abgründe gestiegen ist. Als 1916 Hesses persönliche Krise dramatisch wird, weil der Krieg tobt, Hesses gefürchteter und geliebter Vater stirbt, Hesses Frau gemütskrank wird und seine Ehe scheitert, absolviert der Dichter zweiundsiebzig dreistündige Therapiesequenzen bei dem Züricher Tiefenpsychologen und C. G. Jung-Schüler Dr. Josef Bernhard Lang. Die Seelenarbeit wird zu einer menschlichen Begegnung, aus der eine Freundschaft entsteht. 1921 setzt der depressiv gewordene Junggeselle Hesse die Analyse bei C. G. Jung selbst fort. Zwischen Februar und Juli diesen Jahres ermöglicht ihm C. G. Jung drei Analysesequenzen von insgesamt vier Wochen Dauer. Hesse: *Bei Jung erlebe ich zur Zeit, in einer schweren und oft kaum ertragbaren Lebenslage stehend, die Erschütterung der Analyse … Es geht bis aufs Blut und tut weh, aber es fördert … Ich kann nur sagen, dass Dr. Jung meine Analyse mit außerordentlicher Sicherheit, ja Genialität, führt.*

Was Hesses Kindheit und Jugend bestimmt hat, wir wissen es bis in die Details, ist die Wunde des Unverstandenen. Er litt unter dem Ausgegrenztsein, ja Verstoßensein durch seine rigorosen, pietistischen Eltern. Dazu später mehr. Der Vater Johannes Hesse ist, nach kurzer missionarischer Tätigkeit in Indien, als rechte Hand Dr. Hermann Gunderts, seines Schwiegervaters, im Calwer-Verlagsverein, dem größten pietistischen Buchverlag Deutschlands, beschäftigt. Er verlangt von seinem Sohn Hermann die bedingungslose Unterwerfung unter das enge religiöse Weltbild: *Unser höchster Lebenszweck ist, Gott zu gefallen und ihm in seinem Reich zu dienen. Wenn das auch dein Lebenszweck geworden ist, dann haben wir Gemeinschaft untereinander ... solange das nicht der Fall ist, ist ein völliges Verständnis und darum auch Einverständnis nicht möglich.*

Hermann Hesse hat den Preis für diese „Liebe" nicht bezahlt. Er rebellierte, riss aus dem Theologenseminar aus, musste drei Mal die Schule wechseln, zwei Lehrzeiten unterbrechen, wurde in eine „Irrenanstalt" gesteckt, unternahm einen Suizidversuch – und litt wie ein Hund unter diesen seelischen Verwundungen der Jugend. Noch in seinem „Schülerroman“ *Unterm Rad* wird der tragische Existenzkampf des um sein unverfälschtes Ich ringenden Hesse (*Ich gehorche nicht und werde nicht gehorchen*) erschütternd spürbar.

Ohne psychoanalytische Selbsterforschung wäre weder der Dichter Hesse noch ganz besonders sein Epochenwerk *Siddhartha* zu verstehen. In seinem Aufsatz *Künstler und Psychoanalyse* (1918) notiert Hesse in typisch Jungscher Diktion: *Wer den Weg der Analyse, das Suchen seelischer Urgründe aus Erinnerungen, Träumen und Assoziationen, ernsthaft eine Strecke weit gegangen ist, dem bleibt als bleibender Gewinn das, was man etwa als „inniges Verhältnis zum eigenen Unbewussten“ nennen kann. Er erlebt ein wärmeres, fruchtbareres, leidenschaftlicheres Hin und Her zwischen Bewusstem und Unbewusstem; er nimmt von dem, was sonst „unterschwellig“ bleibt und sich nur in unbeachteten Träumen abspielt, vieles mit ans Licht herüber.*

Wenn wir im Folgenden Not und Befreiung des Siddhartha aus tiefenpsychologischer

Sicht betrachten, so ist das zutiefst Hesse gemäß. Hesse betont: *Die Analyse stellt, vor allem andern, eine große Grundforderung, deren Umgehung und Vernachlässigung sich alsbald rächt, deren Stachel sehr tief geht und dauernde Spuren lassen muss. Sie fordert eine Wahrhaftigkeit gegen sich selbst, an die wir nicht gewohnt sind. Sie lehrt uns, das zu sehen, das anzuerkennen, das zu untersuchen und ernst zu nehmen, was wir gerade am erfolgreichsten in uns verdrängt hatten, was Generationen unter dauerndem Zwang verdrängt hatten.* Hesse nennt dies eine *Erschütterung an den Wurzeln.*

Das begriffene Ich, das gelebte und sich immer wieder neu in das Leben werfende Selbst ist für Hesse der Kompass des Menschlichen, allen Wirrnissen der Zeit zum Trotz. Dies wird aus den Tausenden von Notaten in Hesses Werk und seiner gewaltigen epistolaren Arbeit sichtbar – der Schriftsteller schrieb über 35 000 Briefe an die Fragesteller und Verehrer in aller Welt.

*

Da ich, der Lesbarkeit halber, nicht alle Äußerungen Hesses in germanistischer Akribie ausweisen werde, möchte ich dich, lieber wissensdurstiger Leser, an fünf in unserem Zusammenhang wichtige Veröffentlichungskomplexe verweisen, aus denen ich die meisten Informationen bezogen habe. Das sind einmal *Gesammelte Werke*, zwölf Bände, Frankfurt am Main (Suhrkamp) 1970 und *Gesammelte Briefe*, herausgegeben von Ursula und Volker Michels, vier Bände, Frankfurt am Main (Suhrkamp) 1973. *Hermann Hesse: Blick nach dem Fernen Osten. Erzählungen, Legenden, Gedichte und Betrachtungen*, herausgegeben von Volker Michels, Frankfurt am Main (Suhrkamp) 1973. Siegfried Unseld, *Hermann Hesse. Werk und Wirkungsgeschichte*, Frankfurt am Main (Suhrkamp) 1985. *Materialien zu Hermann Hesses Siddhartha*, zwei Bände, Frankfurt am Main (Suhrkamp) 1985.

Dem Hesse-Verleger Siegfried Unseld (1924–2002) wie dem Hesse-Herausgeber Volker Michels schulde ich tiefen Dank für ihre gescheiten, tiefsinnigen und mitreißenden Erläuterungen zu seinem Werk und der ebenso vorzüglichen wie liebevollen Edition von Hesses Œuvre. Diese Leistung ist gar nicht genug zu würdigen.

*

Zurück zu Siddhartha. Hesse hat an diesem Werk seiner Seelenprosa wie ein Ertrinkender um das Leben gerungen. Auf ihn trifft das Wort des Priesters und Psychoanalytikers Eugen Drewermann zu, der in seinem Hesse-Essay *Das Individuelle gegen das Normierte verteidigen* (1994) betont: *Ohne das Individuum gibt es weder den Ernst der Entscheidung noch die Fähigkeit zur Reue, weder die Trauer des Tragischen noch den Trost der Erneuerung, weder die Angst vor der Einsamkeit noch den Anfang wahrer Gemeinsamkeit. Nichts scheint wichtiger, als in einer Zeit, die sich zunehmend des Einzelnen zu entledigen scheint, den Einzelnen gegen die Zeit zu verteidigen.*

Siddhartha entstand, und das ist das Erregende an diesem kühnen Text, in einer Lebenssituation der allgemeinen politischen Auflösung und der individuellen Verzweiflung. Hesse, der sich die altchinesische Philosophie und Lyrik wie kaum ein anderer Dichter seines Jahrhunderts aneignete, befand sich in den Qualen der Orientierungssuche, wie sie der Lyriker Sao-Han in seinem Gedicht *Die Ratte*, im 8. Jahrhundert nach Christus, mit nagender Verzweiflung beschrieben hat:

Ratte in meinem Hirn! Du fürchterliches
Geschöpf! Zernage nicht mein junges Hirn,
Grausames Tier, zerstöre mich nicht ganz!

Drei Jahre lang ertrag ich nun die Qual,
Das Wüten deiner Zähne lässt nicht nach,
Umsonst sind meine Bitten und mein Flehn.

Ich möchte fliehen! O wüsste ich ein Land,
Ein seliges Land, wo ich mein Haus von neuem
Errichten dürfte, ohne dass du folgst!

Wüsst ich ein Land, wo ich den Frieden fände,
Wo diese Marter weicht aus meinem Hirne,
Wo mein Gewissen endlich ruhen darf!

Funktionäre

Zweitausend Jahre Kirchengeschichte, die Errichtung des Doms von Sankt Peter, die Verkündigung Hunderter von Konzilsentscheidungen und „Hirtenschreiben“ von Päpsten und Bischöfen bezeugen nichts und überzeugen niemanden in puncto religiöser Wahrheit. Diese bewahrheitet sich entweder im Leben des Einzelnen oder sie ist nirgendwo. Der Kampf gegen das Dogma ist daher die erste Form, die Grundlage aller Religion: die Existenz des Einzelnen zurückzugewinnen.

Eugen Drewermann
Das Individuelle gegen das Normierte verteidigen

Seine Meistererzählung *Siddhartha* schreibt Hesse also mit seinem Seelenblut. In der Geschichte des jungen indischen Erlösungssuchers und seines krisenhaften Lebenslaufes verdichtet er seine eigene spirituelle Entwick-

IN DEN RELIGIONEN HERRSCHT DER KINDERGLAUBE AN DIE ALLEINGÜLTIGKEIT DES EIGENEN GLAUBENS NOCH ÜBERALL.

>HERMANN HESSE<

lung. Dabei verknüpft er die schonungslose Methode der psychoanalytischen Seelenenthüllung mit den Aussagen der indischen und chinesischen Philosophie und Religion. Es ist ein in jeder Hinsicht waghalsiges Unternehmen.

Im März 1921, mitten in der Schreibkrise um die Fortsetzung des zweiten Teils des *Siddhartha*, schreibt Hesse in einem Brief: *Ich verlange von mir Zurückgehen hinter die Gegensatzpaare, Annehmen des Chaos. Dies ist dasselbe, was die Psychoanalyse verlangt, woher ich es ja zum Teil auch habe: Wir sollen, wenigstens für ein einziges Mal, alle Werturteile weglassen und uns selber ansehen, so wie wir sind oder wie die Äußerungen des Unbewussten uns zeigen, ohne Moral, ohne Edelmut und all den schönen Schein, in unseren nackten Trieben und Wünschen, unseren Ängsten und Beschwerden. Und erst von da aus, von diesem Nullpunkt aus sollen wir wieder versuchen, fürs praktische Leben Werttafeln aufzustellen, Ja und Nein, Gut und Böse zu trennen, Gebote und Verbote aufzustellen.*

Hesses Beziehungen zu Indien sind alt. Sie reichen weit über seine Reise von 1911 nach Indien, genauer Indonesien, zurück. Nachzulesen in einem Brief vom Februar 1921: *Der Vater meiner Mutter* (Hermann Gundert – M.J.) *sprach neun oder zehn indische Sprachen, lebte Jahrzehnte in Indien, sprach mit dem Brahmanen Sanskrit, meine Mutter war auch einen Teil ihres Lebens dort, sprach drei indische Sprachen, und auch mein Vater war kürzere Zeit in Indien als Missionar. Bücher über Indien, über Buddha etc. sah und las ich fast schon von den Bubenjahren an in der riesigen Bibliothek meines Großvaters …*

An anderer Stelle, in einem Brief vom Februar 1923, ergänzt Hesse: *Später fand ich auch den chinesischen Weg durch Lao-Tse, was für mich das befreiendste Erlebnis war. Natürlich war ich daneben und zugleich nicht minder intensiv durch moderne Versuche und Probleme beschäftigt, durch Nietzsche, durch Tolstoi, durch Dostojewski; das Tiefste aber fand ich in den Upanischaden, bei Buddha, bei Konfuzius und Lao-Tse, und dann, als meine alte Aversion gegen die speziell christliche Form der Wahrheit all-*

mählich nachließ, auch im Neuen Testament. Dennoch blieb ich dem indischen Weg treu, weil ich ihn für besser als den christlichen halte. Ich tat es, weil mir die christliche Anmaßung, die Monopolisierung Gottes, das Alleinrechthabenwollen, das mit Paulus beginnt und durch die ganze christliche Theologie geht, zuwider war, und auch, weil die Inder weit bessere, praktischere, klügere und tiefere Formen des Wahrheitsuchens, mit Hilfe der Yoga-Methoden wissen … Ich halte indische Weisheit nicht für besser als christliche, ich empfinde sie nur als ein wenig spiritueller, etwas weniger intolerant, etwas weiter und freier. Das kommt davon her, dass die christliche Wahrheit mir in der Jugend in unzulänglichen Formen aufgedrängt wurde.

Hesses Siddhartha ist ein wunderschöner Brahmanensohn des *braunen Volkes*. Er lebt im vierten Jahrhundert vor Christus als junger Gelehrter von vollendeter Anmut und Geistigkeit: *Freude sprang in seines Vaters Herzen über den Sohn, den Gelehrigen, den Wissensdurstigen, einen großen weisen Priester sah er in ihm heranwachsen, einen Fürsten unter den Brahmanen. Wonne sprang in seiner Mutter Brust, wenn sie ihn sah, wenn sie ihn schreiten, wenn sie ihn niedersitzen und aufstehen sah, Siddhartha, den Starken, den Schönen, den auf schlanken Beinen Schreitenden, den mit vollkommenem Anstand sie Begrüßenden.*

Was für ein makelloser Mensch, dieser Siddhartha! Alle lieben ihn, seine Eltern, die zauberhaftesten jungen Frauen, besonders aber sein Freund Govinda. Govinda ist beseelt von Siddharthas feurigen Gedanken, glühendem Willen und hoher Berufung. Doch Siddhartha trägt keine Freude im Herzen. Er ist unglücklich. Unruhige Träume quälen den Jüngling. Der Traum ist, wie Freud erkannte, der *Königsweg zum Unbewussten*. Träume müssen wir ernst nehmen. Wir dürfen sie nicht einfach verdrängen und ignorieren. Der Traum kann ein Kompass des Seelischen sein, um das Verdrängte zu erinnern oder Zukunft zu antizipieren. Das Unbewusste will bewusst werden: *Träume kamen ihm und rastlose Gedanken aus dem Wasser des Flusses geflossen, aus den Sternen der Nacht gefunkelt, aus den Strahlen der Sonne geschmolzen.*

Warum quält sich dieser Götterliebling? Hat er nicht alles, was ein Mensch begehren kann, Schönheit, Intelligenz, Liebe und Reichtum?

Wie alle Helden und Heldinnen in Mythos, Religion und Märchen muss Siddhartha Ablösung und Aufbruch wagen: Die Liebe von Vater und Mutter ist bis zu einem gewissen Zeitpunkt nährend, dann beginnt sie uns zu ersticken. Wer diesen Aufbruch aus dem gleichsam uteralen Milieu des Familienschoßes nicht wagt, der bleibt ein infantiler Stubenhocker des Lebens. Wo wir aufbrechen, sei es aus dem Elternhaus oder aus einer nicht mehr lebbaren Bindung, da werden wir immer auch zu Tätern. Wir müssen es werden. Indem wir die Treue zu uns selbst und zu unserer Entwicklung höher stellen als die alte Bindung, verletzen wir. Wir lassen Menschen zurück. Wir entziehen uns körperlich und psychisch. Wir zeigen uns distanziert. Wir sind besessen von den neuen Menschen und Ideen, die uns beflügeln.

Leben ist unaufhörliches Neugeborenwerden. Nur wenn das alte Ich stirbt, kann das neue schöpferische Ego entstehen. Dieses *Stirb und Werde*, von dem Goethe spricht, ist auch für die Umgebung ein schmerzhafter Prozess. So wie die Geburt eines neuen Menschleins sich unter Blut, Schweiß und Tränen vollzieht, ist das Werden des neuen Menschen nicht ohne Abstoßung, kreative Gewalt und Leid zu haben.

Aber unsere Aufgabe ist es nicht, allen zur Lust zu sein. *Everybody's darling is everybody's Depp*, meint ein bayerisches Sprichwort sarkastisch. Das Geheimnis der Individuation heißt Einsamkeit, sperrige Identität, Selbstfindung. Das Selbst ist ein Solitär, ein Unikat. Es will gesucht, entwickelt und geschliffen werden wie ein Rohdiamant. Es entsteht in immer neuen Konfigurationen in einem lebenslangen ununterbrochenen Prozess voller Dramatik, innerer Brüche, Negationen und Synthesen, in Irrtum und Versuch, Freude und Not. Diesen Prozess muss ich für mich allein wagen. Meine Eltern, ein behütendes Familienhaus, Schule und Grundbildung können mir die chemischen Grundsubstanzen für die geheimnisvolle Alchimie des Lebens mitgeben, synthetisieren muss ich sie selbst im Laboratorium meiner Gefühle, Entwicklungen und widerspruchsreichen Ich-Bildung.

Siddharthas Unzufriedenheit ist die chronische, drängende und unabweislich notwendige Zerrissenheit des Jugendlichen schlechthin. Der junge Mensch will, mit Goethes Faust zu formulieren, wissen, *was die Welt im Innersten zusammenhält.* Hierzu reichen Tradition und religiöse Rituale nicht: *Die Waschungen waren gut, aber sie waren Wasser, sie wuschen nicht Sünde ab, sie heilten nicht Geistesdurst, sie lösten nicht Herzensangst, und vortrefflich waren die Opfer und die Anrufung der Götter – aber war dies alles? Gaben die Opfer Glück?*

Rebellion und Zweifel markieren den Beginn des eigenständigen Denkens. Siddhartha, Atman sei Lob, wird von den Grundfragen des Menschen nicht verschont: *Und wie war das mit den Göttern? War es wirklich Prajapati, der die Welt erschaffen hat? War es nicht der Atman, Er der Einzige, der All Eine? Waren nicht die Göttergestaltungen, erschaffen wie ich und du, der Zeit untertan, vergänglich? … Und wo war*

Atman zu finden, wo wohnte er, wo schlug sein ewiges Herz, wo anders als im eigenen Ich, im Innersten, im Unzerstörbaren, das ein jeder in sich trug? Aber wo war dies Ich, dies Innerste, dies Letzte?

Niemand kann uns diesen weiten Weg zeigen, keine Eltern, keine Lehrer, keine Priester. Wir müssen ihn selbst entdecken. Vielleicht ist die existenzielle Wucht unseres Fragens wichtiger als die Antwort. Möglicherweise ist das Suchen entscheidender als das Ziel. Spiritualität ereignet sich nicht in der Dogmatik brahmanischer oder bischöflicher Lehren, sondern im Herzen eines Menschen. Nietzsche lässt seinen *Zarathustra* dazu sagen: *„Das – ist nun m e i n Weg, – wo ist der eure?" so antworte ich denen, welche mich „nach dem Wege" fragten.*
D e n Weg nämlich – den gibt es nicht!

Genau hier entzündet sich der dramatische Konflikt Siddharthas. Hesse, der, wie er in einem seiner Briefe einmal sagt, ein *Ketzer* ist, traut den kanonischen Weisheiten der Kirchenfunktionäre nicht mehr: *Alles wussten sie, die Brahmanen und ihre heiligen Bücher, alles wussten sie, um alles hatten sie sich gekümmert und um mehr als alles, die Erschaffung der Welt, das Entstehen der Rede, der Speise, des Einatmens, des Ausatmens, die Ordnungen der Sinne, die Taten der Götter – unendlich vieles wussten sie – aber war es wertvoll, dies alles zu wissen, wenn man das Eine und Einzige nicht wusste, das Wichtigste, das allein Wichtige?*

Das Wichtigste, das allein Wichtige, das wäre, zum Ich durchzudringen, das Transzendente, das Übergreifende, das Letzthinnige in der Tiefe meiner Seele zu orten. Siddhartha: *Aber wo waren die Brahmanen, wo die Priester, wo die Weisen oder Büßer, denen es gelungen war, dieses tiefste Wissen nicht bloß zu wissen, sondern zu leben? … Viele ehrwürdige Brahmanen kannte Siddhartha, seinen Vater vor allen, den Reinen, den Gelehrten, den höchst Ehrwürdigen. Zu bewundern war sein Vater, still und edel war sein Gehaben, rein sein Leben, weise seine Worte, feine und adlige Gedanken wohnten in seiner Stirn – aber auch er, der so viel Wissende, lebte er denn in Seligkeit, hatte er Frieden, war er nicht auch nur ein Suchender, ein Dürstender? Musste er nicht immer und immer wieder an heiligen*

Quellen, ein Dürstender, trinken, am Opfer, an den Büchern, an der Wechselrede der Brahmanen? Warum musste er, der Untadelige, jeden Tag Sünde abwaschen, jeden Tag sich um Reinigung bemühen, jeden Tag von neuem? War denn nicht Atman in ihm, floss denn nicht in seinem eigenen Herzen der Urquell? Ihn musste man finden, den Urquell im eigenen Ich, ihn musste man zu Eigen haben! Alles andere war Suchen, war Umweg, war Verirrung.

Wer sind die Brahmanen? Wofür stehen sie? Ursprünglich war die indische Gesellschaft in Kasten gegliedert: Krieger, Brahmanen, Händler und Landarbeiter. Als der Kriegerstand in den indischen Monarchien an Bedeutung verlor, versuchten sich die Brahmanen an die Spitze der gesellschaftlichen Hierarchie zu setzen. Als Priesterkaste hielten sie das religiöse Kultmonopol inne. Sie waren es, die in ausgefeilten Riten die Praxis der Opfer an die Götter organisierten, das komplizierte Zeremoniell der Liturgie, die Hymnen, die heiligen Formeln. Sie allein kannten die *Veden*, die angeblich göttlichen Texte. Sie allein hatten in ihrer sakramentalen Position als Priester Zugang zu den Göttern und ihren Gnadenerweisen. Als Mitglied der obersten Kaste der Hindus nannten sie sich nach dem *Brahman*, einer alle Welt durchdringenden göttlichen Kraft. Sie waren Priester, Dichter, Gelehrte und Politiker, ihnen allein oblag die Ehre und Pflege der brahmanischen Theorie.

Ähnlich wie in der römisch-katholischen Kirche war die Männergesellschaft der Brahmanen strikt patriarchalisch orientiert und organisiert und schloss Frauen vom Priesterdienst aus. Ihre Lehre war dogmatisch verhärtet. Sie bot weder der Freiheit noch der existenziellen Bedürftigkeit eines religiös oder philosophisch Suchenden Nahrung. Die Brahmanen schüchterten die unteren Kasten des Volkes ein und boten mit ihrer starren Theologie und ideologischen Festungsmentalität Steine statt Brot.

Genau in diesem brahmanischen Geist sieht Hesse auch das Kirchenchristentum erstarrt. Denn die Pfarrer der beiden Konfessionen sind für ihn die Brahmanen der Neuzeit. Hesse: *Aber so groß und edel dies Christentum meiner Eltern als gelebtes Leben, als Dienst und*

Opfer, als Gemeinschaft und Aufgabe war – die konfessionellen und zum Teil sektiererischen Formen, in denen wir Kinder es kennen lernten, wurden mir schon sehr früh verdächtig und zum Teil ganz unausstehlich. Hesse, der selbst bekundete, er *habe nie ohne Religion gelebt, und könnte keinen Tag ohne sie leben*, gestand auch: *Aber ich bin mein Leben lang ohne Kirche ausgekommen.*

Was ihm an den protestantischen Theologen missfällt, *das ist, dass sie nichts zu lehren haben, das Volk leer lassen und sich dafür ohne Kritik und Widerstand der materiellen Staatsmacht zur Verfügung stellen, den Fürsten, den Geldhabern, den Generälen, das tun sie heute, wie sie es immer getan haben … man strebt zum Geistigen und endet bei den Kanonen. Man verlegt das Gebet ins Kämmerlein, verwirft die guten Werke und rutscht verantwortungslos in alle Höllen, gegen die man selbst und Widerstand sein sollte.*

Hesse wollte nie vergessen, dass die Priester beider Konfessionen in zwei Weltkriegen die Waffen beider Gegner segneten. Über den gerade zu Ende gegangenen Ersten Weltkrieg schreibt er fassungslos: *Hat schon jemand es bedacht und sich darüber gewundert, wie unsere Theologen in diesen vier Kriegsjahren ihre eigene Religion, ihr eigenes Christentum zu Grabe getragen haben? Sie dienten der Liebe und predigten den Hass, sie dienten der Menschheit und verwechselten die Menschheit mit der Behörde, von der sie ihr Gehalt beziehen.*

Hesses Urteil über die Kirche ist vernichtend: *Ich habe auch tatsächlich während meiner ganzen christlichen Jugend von der Kirche keinerlei religiöse Erlebnisse gehabt.* Es sei ihm *der christliche Weg zu Gott verbaut gewesen durch eine streng fromme Erziehung, durch die Lächerlichkeit und Zänkerei der Theologie, durch die Langeweile und gähnende Öde der Kirche … Ich suchte also Gott auf anderen Wegen.* Nach dem Zweiten Weltkrieg kritisierte Hesse jene Pastoren und Bischöfe der Nato-Kirche, die *im heutigen Germanien* gegen oppositionelle Geister *die Standhaftigkeit und Angriffslust aufbringen …, die sie gegen Hitler nicht hatten.*

Aber auch die Kirche des Papstes verschonte der Denker der religiösen Toleranz nicht. Hesse: *Diese bewundernswerte katholische Kirche ist mir nur in der Distanz so verehrungswürdig und sobald ich ihr näher trete, riecht sie wie jede menschliche Gestaltung sehr nach Blut und Gewalt, nach Politik und Gemeinheit.* Besonders verübelte er den christlichen Kirchenfunktionären ihren Anspruch auf die allein selig machende Religion. Zwei Jahre vor seinem Tod, 1960, schrieb Hesse an einen Leser: *Es gibt einen Tisch, einen Stuhl, ein Brot, einen Wein, einen Vater, eine Mutter, und doch heißen sie in jedem Volk und in jeder Kultur wieder anders. So ist es auch mit Gott, mit der Frömmigkeit, mit dem Glauben. Griechen und Perser, Inder und Chinesen, Christen und Buddhisten, alle meinen dasselbe und hoffen, wünschen und glauben dasselbe, nur haben sie andre Namen dafür als wir. Im politischen Denken fortgeschrittener Leute ist Nationalismus etwas Gewesenes, Vergangenes. In den Religionen herrscht der Kinderglaube an die Alleingültigkeit des eigenen Glaubens noch überall. Die Wissenschaft allerdings ist des Gemeinsamen in allen Glaubensformen der Welt längst inne geworden. Die Religionsforschung kennt keine allein selig machende Religion mehr.*

Siddharthas Vater steht also, auch wenn er persönlich ein liebevoller, gelehrter und eher toleranter Geist ist, für das Brahmanentum, die Kirche, die Lehre schlechthin. Ihm muss sich Siddhartha widersetzen, wenn er sich selbst nicht verraten will. Bei aller Liebe ist Siddharthas Vater, wenn es um den „richtigen Weg“ geht, von unerbittlicher patriarchaler Gewalt wie einst der Vater des Dichters, Johannes Hesse. Als Siddhartha dem Vater eröffnet, *mich verlangt, morgen dein Haus zu verlassen und zu den Asketen zu gehen. Ein Samara zu werden, ist mein Verlangen*, rügt der Vater ihn: *Nicht ziemt es dem Brahmanen, heftige und zornige Worte zu reden. Aber Unwille bewegt mein Herz. Nicht möchte ich diese Bitte zum zweiten Mal aus deinem Munde hören.*

In Siddharthas Vater verschlüsselt Hesse seinen eigenen geliebten, gelehrten und gefürchteten Vater. Es ist die Geschichte des selbst erlebten Vater-Sohn-Konfliktes. Ja mehr noch: Nicht nur Hermann Hesse selbst, sondern auch sein Vater und seine Mutter wurden in ihrer Kindheit an jeder freien Ich-Werdung gehindert. Als elfjähriger Junge erlebte Hesses

Vater Johannes die Trennung von seiner Familie. Die Mutter Marie wiederum erlebte ihre Kindheit vom vierten bis zum sechzehnten Lebensjahr als Schülerin in einem pietistischen Heim. Als sie sich in einen Mann verliebte, untersagte ihr der Vater die Heirat, weil der potenzielle Schwiegersohn nicht dem pietistischen Glauben anhing.

Weder der Vater noch die Mutter revoltierten als junge Menschen. Sie identifizierten sich vielmehr, tiefenpsychologisch gesprochen, mit dem familiären Aggressor und widmeten ihr Leben dem demütigen Gottesdienst in der indischen, respektive verlegerischen Mission. Es muss Vater Johannes und Mutter Marie Hesse beispiellose Kraft gekostet haben, die Leiden ihrer Kindheit und Jugend zu verdrängen und „gehorsam" gegenüber den Vätern und ihrer religiösen Projektion, dem strengen pietistischen Gott, zu sein.

Doch nichts hält uns stärker im Griff als das Verdrängte. Wenn Hesses Eltern, Johannes und Marie, Eigen-Sinn, Sinnlichkeit und starke Gefühle als Kindern verboten wurden, so neigten sie später dazu, sich an dem Lebendigen im eigenen Kind unbewusst rächen und alle unruhige Kreativität im *Wiederholungszwang* (Freud) der alten Dressuren ersticken zu wollen. Just gegen diese psychischen Vergewaltigungen hat sich der junge Hermann mit seinem Ausbruchsversuch aus dem Schülerseminar Maulbronn, seinem chronischen Schulversagen und dem Suizidversuch zu wehren versucht. Das waren keine dummen Jugendstreiche, sondern der Selbstrettungsversuch eines gegängelten, zutiefst missverstandenen Kindes und Jugendlichen. Dabei trifft Hermann genau den geistigen Kern der Auseinandersetzung gegenüber seinen pietistischen Eltern. Aus dem Schloss Stetten im Remstal, der *Anstalt für Schwachsinnige und Epileptiker*, in das ihn die Eltern als einen Unzurechnungsfähigen und eine potenzielle Verbrechernatur gesteckt haben, schreibt er ihnen: *Ihr seht nach diesem elenden Leben ein Besseres, während ich mir's ganz anders denke und darum dies Leben entweder wegwerfe oder etwas davon haben möchte … Meine letzte Kraft will ich aufwenden, zu zeigen, dass ich nicht die Maschine bin, die man nur aufzuziehen braucht.*

Nicht nur Kirchenmänner, Brahmanen und Politiker erweisen sich als Funktionäre erstarrter Normen, sondern auch Eltern. Aus ihren eigenen unbegriffenen frühkindlichen Verletzungen heraus fungieren sie nicht selten als Bremser und Verhinderer statt als Entwicklungshelfer ihrer Sprösslinge. Das ist das Drama des begabten Kindes.

Der tief verletzte Hermann appelliert in fünf leidenschaftlichen Anklagebriefen an das Gewissen von Johannes und Marie Hesse. Das lautet dann etwa so: *Ihr seid ja meine Kerkermeister: Euch darf ich nichts klagen. Lebt wohl, lebt wohl, ich will allein sein, vor diesen Menschen graut mir. Sagt niemand, dass ich sterbensmüde, unglücklich bin! Lasst mich hier draufgehen, den tollen Hund, oder seid meine Eltern!* Und: *Ihr seid Christen, und ich – nur ein Mensch.*

Das Dramatische an solcherlei Eltern-Kind-Konflikten, die wir wohl alle kennen, ist, dass diejenigen uns am stärksten verletzen, die wir am meisten lieben – die Eltern. Diese Erfahrung macht nun auch Siddhartha. Aber er widersteht dem Vater und der Versuchung des eigenen ängstlichen Herzens, eine faule Harmonie zu suchen und klein beizugeben. Eine Nacht lang bleibt Siddhartha mit seinem Nein gegenüber dem Vater stehen, *im Mond, im Sternenschein, in der Finsternis*. Der Vater kapituliert: *In Siddharthas Gesicht sah er kein Zittern, fernhin blickten die Augen. Da erkannte der Vater, dass Siddhartha schon jetzt nicht mehr bei ihm und in der Heimat weile, dass er ihn schon jetzt verlassen habe.*

So werden wir den Eltern fremd. So werden wir uns selbst fremd. So gehen wir in die Fremde, den Aufbruch in das unbekannte Leben. Siddhartha begibt sich tapfer *in andere, neue Bindungen*. Was ihn erwartet, weiß er nicht. Er spürt nur, sein Weg geht weg von den alten brahmanischen und elterlichen Weisungen. Er spürt, das Alte in ihm muss sterben. *Wer Neugeburt will*, sagt Hesse einmal, *muss zum Sterben bereit sein.*

Als Siddhartha im ersten Tageslicht langsam auf erstarrten Beinen die noch stille Stadt verlässt, begibt er sich in das größte Abenteuer seines Lebens. Jeder von uns muss es bestehen. Es ist, wie Hesse in dem gleichnamigen Gedicht sagt, der *Weg nach innen*:

Wer den Weg nach innen fand,
Wer in glühendem Sichversenken
Je der Weisheit Kern geahnt,
Dass sein Sinn sich Gott und Welt
Nur als Bild und Gleichnis wähle:
Ihm wird jedes Tun und Denken
Zwiegespräch mit seiner eigenen Seele,
Welche Welt und Gott enthält.

Entselbstung

Die Askese mit ihrem ständigen Kreisen um Verzicht und Entsagen ist möglicherweise nur die Kehrseite eines heftigen Verlangens nach Besitz und Konsum.

Erich Fromm
Haben oder Sein.
Die seelischen Grundlagen einer neuen Gesellschaft

Man mag über Siddharthas Aufbruch zu den Samanas, den indischen Bettelmönchen, die Nase rümpfen. Was für eine verschrobene Idee für einen hochkultivierten jungen Mann! Aber ist es nicht, mit dem Psychologen Erich Fromm zu sprechen, der Weg vom raffgierigen Haben zum lebendigen Sein?

Nietzsche sagt einmal: *Wer wenig besitzt, wird um so weniger besessen*. Kann die selbst gewählte Armut oder eine neue Bescheidenheit uns nicht auch erlösen? Ist, tiefer gefragt, im Zeitalter der Globalisierung, des *Shareholder*

BITTER SCHMECKTE DIE WELT.
QUAL WAR DAS LEBEN.

›SIDDHARTHA‹

Value, der über alles dominierenden Aktionärsinteressen, einer vergiftenden Agrarindustrie, der Atom- und Rüstungsindustrie und einer medialen Bewusstseinsindustrie die Wiederentdeckung des individuellen Grundbedürfnisses nach Lebenssinn nicht das Gebot der Stunde?

Siddhartha ist nicht allein. Mit ihm geht *Govinda*. Dies ist bereits im 4. Jahrhundert vor Christus der Name für den Gott Krishna, wie er im großen religiös-philosophischen Lehrgedicht *Bhagawadgita* in Form von achtzehn Gesängen auftaucht.

Im Sinne der tiefenpsychologischen Deutung eines C. G. Jung könnte man die Figur des Govinda zweifach verstehen. Objektstufig ist er der Freund und Weggefährte, der letztlich den Weg des Gehorsams und der konventionellen religiösen Integration geht. Das ist die kirchengebundene Façon von Millionen Gläubigen in Christentum, Buddhismus, Islam und anderen Religionen.

Subjektstufig könnte Govinda auch das *alter ego*, das verborgene Ich, oder den *Schatten* (C.G. Jung) von Siddhartha bedeuten. Also die insgeheim anlehnungsbedürftige, konservative, dem Herdentrieb zuneigende, ängstliche Seite unseres göttlichen Jünglings. Denn vergessen wir nicht, Hesse war ein geistiger Schüler Arthur Schopenhauers, Fjodor Dostojewskis, Sigmund Freuds und Carl Gustav Jungs. Er pflegte als psychologischer Schriftsteller wie diese Denker ein dynamisches Bild des Menschen: Er ist chaotisch und wird von inneren Widersprüchen fast zerrissen. Hesse ist ein Denker der Polarität, der Spannungen und dramatischen seelischen Antagonismen. Siddhartha steht gleichsam vor der Aufgabe, den *inneren Govinda* in seiner Hundetreue und Schafsfrömmigkeit zu überwinden.

Siddhartha geht den Weg der Entselbstung. Auf dem Weg zum Heiligen entdeckt er das, was die moderne Spiritualität das *Heilfasten* nennt: *Er fastete fünfzehn Tage. Er fastete achtundzwanzig Tage. Das Fleisch schwand ihm von Schenkeln und Wangen. Heiße Träume flackerten auf seinen vergrößerten Augen, an seinen dorren-*

den Fingern wuchsen lang die Nägel und am Kinn der trockne, struppige Bart. Genauso fastete auch der historische Buddha als Bettelmönch sieben lange Jahre. Siddhartha trägt nur noch die Schambinde und einen erdfarbenen Überwurf. Bald beginnt sich sein irdisches Selbst mit all seinen früheren Verflechtungen in das sinnliche Leben der Menschen, der Liebe, der Wissenschaft, des Handwerks und der Leidenschaften aufzulösen:

Er sah Händler handeln, Fürsten zur Jagd gehen, Leidtragende ihre Toten beweinen, Huren sich anbieten, Ärzte sich um Kranke bemühen, Priester den Tag für die Aussaat bestimmen, Liebende lieben, Mütter ihre Kinder stillen – und alles war nicht den Blick seines Auges wert. Alles log, alles stank, alles stank nach Lüge, alles täuschte Sinn und Glück und Schönheit vor und alles war uneingestandene Verwesung. Bitter schmeckte die Welt. Qual war das Leben.

Was ist die Welt? Wir erkennen sie nicht. Es ist der *Schleier der Maya,* der uns nach der Lehre der *Upanischaden* eine verwirrende bunte Vielheit vortäuscht und uns die Ureinheit, die sich hinter allem Seienden verbirgt, nicht erkennen lässt. Es ist die Suche nach dem *Nirwana*, die Siddhartha antreibt, also der Rückkehr des Individuums zum ungeteilten Ganzen, der erlösende Schritt hinter die Ich-Werdung. Religiös formuliert, bedeutet das Streben nach *Nirwana* die Rückkehr der Einzelseele zur Allseele, zu Gott. Siddhartha lernt, Stunden hinweg im Lotussitz zu meditieren, den Atem zu sparen, die Schläge seines Herzens zu vermindern, sein Ich zu verlassen und tagelang im Nicht-Ich zu verharren.

Vom Ältesten der Samanas belehrt, übt Siddhartha, sich in die Seele von Reihern und Schakalen zu versenken, im tierischen Kreislauf von Töten und Getötetwerden sich als lebende und tote Kreatur wiederzufinden. Er steht tage- und wochenlang senkrecht im Sonnenbrand, im Dornengerank und unter den triefenden Wassermassen der Regenzeit. Er verfolgt mit all den unermesslichen Qualen nur ein Ziel: *Leer werden, leer von Wunsch, leer vom Traum, leer von Freude und Leid.*

Der Weg zum Ich führt den Bettelmönch Siddhartha, der drei Jahre unter den Bäumen der Wälder haust, vom Ich hinweg. Aber wie immer er sich kasteit, sein Ich ist nicht auszulöschen: *Er tötete seine Sinne, er tötete seine Erinnerung, er schlüpfte aus seinem Ich in tausend fremde Gestaltungen, war Tier, war Aas, war Stein, war Wasser und fand sich jedes Mal erwachend wieder, Sonne schien oder Mond, war wieder Ich, schwang im Kreislauf, fühlte Durst, überwand den Durst, fühlte neuen Durst.*

Der Versuch, schon zu Lebzeiten ein Stück *Nirwana* zu erreichen, die Befreiung von der unermesslichen Qual des Daseins, die Unternehmung, dem *Rad der Wiedergeburten* (Samsara) zu entrinnen, misslingt. Vergessen wir nicht, der Buddhismus definiert, im Gegensatz zur westlichen Fast-Food-Esoterik von heute, den Kreislauf von Geburt und Tod zu neuer Geburt und neuem Tod als leidhaften schrecklichen Weg über Millionen(!) Reinkarnationen. Das Karma ist die Summe der in einem Leben geleisteten positiven wie negativen Strebungen. Nach Art einer kosmischen Kontoführung bestimmt sich, in welcher anorganischen, pflanzlichen, tierischen oder menschlichen Gestalt ich wieder in das qualvolle Leben treten muss.

Der Wissende durchschaut den *Schleier der Maya*. Er löst sich von den gierigen Bedürfnissen, die den Kreislauf immer wieder erneut in Gang setzen. In einem langen und schmerzlichen Prozess der Entselbstung und der Zurücknahme des Willens, wie ihn der deutsche Philosoph Arthur Schopenhauer (1788–1860) in seinem Werk *Die Welt als Wille und Vorstellung* sprachmächtig dargestellt hat, befreit sich der Weise von der Diktatur des Willens: Um eine erneute Wiedergeburt zu vermeiden und als Erleuchteter in das Nirwana einzugehen. Hesse selbst hat in seiner lebensphilosophischen Experimentalphase als „Einsiedler", Asket und Anhänger der Freikörperkultur, also in seiner „buddhistischen Phase", in der alternativen Kolonie am Monte Verità 1907 ähnliche Erfahrungen zu machen versucht.

In einem Gespräch mit Govinda, der begeistert ist von den Lehren der Samanas, spricht

Siddhartha nach drei Jahren entbehrungsreicher asketischer Lebensführung jedoch eine neugewonnene Erfahrung aus: *Was ist Versenkung? Was ist Verlassen des Körpers? Was ist Fasten? Was ist Anhalten des Atems? Es ist Flucht vor dem Ich, es ist ein kurzes Entrinnen aus der Qual des Ichseins, es ist eine kurze Betäubung gegen den Schmerz und die Unsinnigkeit des Lebens.*

Ja, Siddhartha vergleicht die Weltflucht und trancehafte Entrückung der Samanas mit einer alkoholischen Narkotisierung: *Dieselbe Flucht, dieselbe kurze Betäubung findet der Ochsentreiber in der Herberge, wenn er einige Schalen Reiswein trinkt oder gegorene Kokosmilch. Dann fühlt er sein Selbst nicht mehr, dann fühlt er die Schmerzen des Lebens nicht mehr, dann findet er kurze Betäubung. Er findet, über seine Schale mit Reiswein eingeschlummert, dasselbe, was Siddhartha und Govinda finden, wenn sie in langen Übungen aus ihren Körpern entweichen.*

Keiner der Samanas wird, wie alt er auch werden mag, *Nirvana* erreichen, meint Siddhartha. Govinda ist bestürzt. Wie kann man gegen die heiligen Männer aufbegehren? Sind sie nicht so viel älter und wissender, strenger und ehrwürdiger? Auch Siddhartha ist bis in den Kern seiner Existenz aufgewühlt: *Ja, dachte er, gesenkten Hauptes stehend, was bliebe noch übrig von allem, was uns heilig schien? Was bleibt? Was bewährt sich? Er schüttelte den Kopf.*

Eine Nachricht ist es, die unseren Helden und seinen Freund aus der Sackgasse ihrer Lebenssuche befreit. Die Nachricht dringt zu den Samanas im Walde, ein Erlöster sei erschienen. Sein Name sei Buddha. Besitzlos, heimatlos, weiblos ziehe er, im gelben Mantel eines Asketen, mit seinen Jüngern durch das Land. Er *habe in sich das Leiden der Welt überwunden und das Rad der Wiedergeburten zum Stehen gebracht.*

Was für eine Botschaft! Da ist ein Mensch, der *Nirwana* erreicht hat und nie mehr in den Kreislauf zurückkehren muss, in den trüben Strom der Gestaltungen. Natürlich hat dieser Mann den Teufel überwunden, mit den Göttern gesprochen und Wunder getan. Govinda ist begierig, die Worte des Gotama, des Erhabenen und Vollendeten, aus seinem eigenen Munde zu vernehmen. Siddhartha stimmt, mit leichter Skepsis im Herzen, seinem Freunde zu: *Lass diese Frucht uns genießen und das Weitere abwarten, o Govinda! Diese Frucht aber, die wir schon jetzt dem Gotama verdanken, besteht darin, dass er uns von den Samanas hinweg ruft! Oder uns noch Anderes und Besseres zu geben hat, o Freund, darauf lass uns ruhigen Herzens warten.*

Wieder einmal ist Abschied, Loslassen angesagt. Wie schwer ist dieser Entschluss! Wie lange meutert der sanfte Govinda gegen diesen notwendigen Lebensabschnitt. Hatten die Jahre der Askese nicht auch Seelengewinn gebracht? Ist der Fundamentalismus, die allemal feststehende Auffassung von der Sicht der Dinge, nicht auch ein geistiges Ruhekissen? Sichert einen eine geschlossene Weltanschauung nicht vor den Überraschungen und Unerklärlichkeiten des Lebens? Vermögen wir, Hand aufs Herz, wirklich das radikal ehrliche Diktum des Philosophen Sokrates *Ich weiß, dass ich nichts weiß* auszuhalten?

Siddhartha nimmt jedoch von den Waldmenschen auch Kostbares mit. Was es ist, kann er erst später erkennen. Aber er würde sein Selbst aufgeben, wenn er sich weiter den Bettelmönchen blind anpasste. Solange er das verachtet, was die Samanas verachten, übernimmt er ihre Meinungen und verzichtet auf seine eigene Erkundung der Welt.

Wer von uns musste nicht schon einmal im Leben die Sicherheit einer Gruppe aufgeben, bei der er sein Ich an der Garderobe abgegeben hatte. Das tut weh, auch wenn es nur eine Scheinsicherheit war. Wir sehen in der deutschen Vergangenheit, wie verführerisch es ist, ein *Mitläufer* zu sein, und wie schwer es ist, Widerstand gegen den öffentlichen Konsens zu leisten. Religiöse, aber auch politische Gemeinschaften haben überdies oft eine geradezu sektenhafte Bindungskraft. Den Abtrünnigen verfolgen sie mit Wut, um die aufkeimenden Zweifel in den eigenen Reihen zu ersticken.

Auch Siddhartha erlebt diese wütende Reaktionsbildung aus Enttäuschung: *An diesem selben Tage gab Siddhartha dem Ältesten der Samanas seinen Entschluss zu wissen, dass er ihn verlassen wollte. Er gab ihn dem Ältesten zu wissen mit der Höflichkeit und Bescheidenheit, welche dem Jüngeren und Schüler ziemt. Der Samana aber geriet in Zorn, dass die beiden Jünglinge ihn verlassen wollten und redete laut und brauchte grobe Schimpfworte.*

Siddhartha aber, Atman sei Dank, lässt sich nicht einschüchtern. Er reagiert nicht ohne Witz. Bei den Samanas hat er die Kunst der Trance gelernt. Kurz entschlossen hypnotisiert er den Ältesten, bis dessen Auge starr und sein Wille gelähmt werden. Siddhartha zwingt den Samana kraft Suggestion, sich mit Anstand von seinen Ex-Jüngern zu verabschieden: *Und so verneigte sich der Alte mehrmals, vollzog segnende Gebärden, sprach stammelnd einen frommen Reisewunsch.* Auf geht die Reise zu Buddha, dem Erleuchteten.

Kann ein anderer Mensch, auch wenn er ein Weiser ist, das Rätsel von Siddharthas Leben lösen? Hermann Hesse war nicht nur skeptisch, sondern offenkundig ratlos. Im August 1920 beendete er mit Siddharthas Aufbruch zu

Buddha vorläufig die Erzählung. Er widmete sie seinem französischen Friedensfreund Romain Rolland. Hesse wusste nicht mehr weiter.

Eine anderthalb Jahre dauernde, quälende Schreibhemmung begann. Das Manuskript blieb liegen. Warum? Hesse, der nie ein Routinier des Schreibens war, sondern in jeder einzelnen seiner literarischen Figuren von Hans Gebenrath *(Unterm Rad)* bis zu Josef Knecht *(Glasperlenspiel)* die Entwicklung seines eigenen Ichs verschlüsselte, musste an dieser Stelle des *Siddhartha* kapitulieren. Denn er wollte eine Erfahrung beschreiben, die er zu diesem Zeitpunkt noch gar nicht gemacht hatte.

Seinem Tagebuch vertraute Hesse an: *Als ich mit Siddhartha, dem Dulder und Asketen, zu Ende war, mit dem ringenden und leidenden Siddhartha, und nun Siddhartha, den Sieger, den Jasager, den Bezwinger dichten wollte, da ging es nicht mehr.*

Buddha

Das Leben jedes Menschen ist ein Weg zu sich selbst hin, der Versuch eines Weges, die Andeutung eines Pfades. Kein Mensch ist jemals ganz und gar er selbst gewesen; jeder strebt danach, es zu werden ... Mancher wird niemals Mensch, bleibt Frosch, bleibt Eidechse, bleibt Ameise ... Aber jeder ist ein Wurf der Natur nach dem Menschen hin.

Hermann Hesse
Demian

Hesse lässt seinen Helden Siddhartha von den Samanas aufbrechen und erneut die Suche nach dem Ich beginnen. Es ist sein eigener Aufbruch. Er resümiert diese Lebenskrise mit den Worten: *Der „Siddhartha" wurde im Winter 1919 begonnen; zwischen dem ersten und dem zweiten Teil lag eine Pause von nahezu eineinhalb Jahren. Ich machte damals – nicht zum ersten Mal natürlich, aber härter als jemals – die*

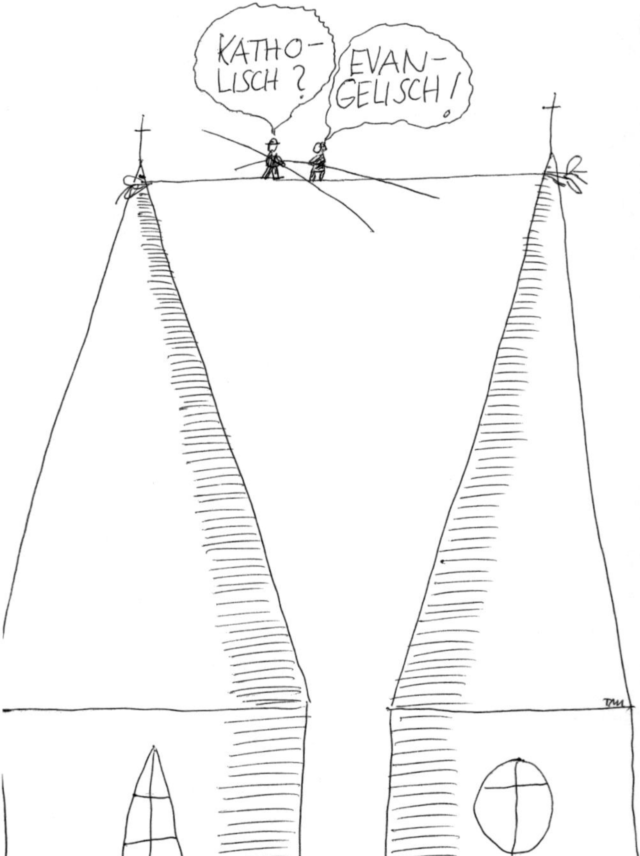
KATHO-
LISCH ?
EVAN-
GELISCH !

Erfahrung, dass es unsinnig ist, etwas schreiben zu wollen, was man nicht erlebt hat, und habe in jener langen Pause, während ich auf die Dichtung „Siddhartha" schon verzichtet hatte, ein Stück asketischen und meditierenden Lebens nachholen müssen, ehe die mir seit Jünglingszeiten heilige und wahlverwandte Welt des indischen Geistes wirklich Heimat werden konnte.

Hesse ist ins Leben zurückgekehrt. Seine Depression ist abgeklungen. Die Scheidung von Maria Bernoulli ist anvisiert. Er wird, nach einem kurzen ehelichen Zwischenspiel mit Ruth Wenger, 1931 Ninon Dolbin heiraten und mit ihr bis zum Tod zusammenbleiben. Hesse hat die finanzielle Talsohle durchschritten, die Lebensstagnation beendet und sich wieder in das Leben hineingeliebt. Hesse hat sich erneut in den *Fluss des Lebens* mit all seinen Klippen und Staus gestürzt. Es lohnt sich für ihn wieder, der verwirrten Nachkriegszeit das mutige „Trotzdem" der philosophisch-literarischen Parabel des *Siddhartha* entgegenzusetzen.

Vielleicht entspricht dieses „Trotzdem" dem „Dennoch" seines Freundes und Schriftstellerkollegen Thomas Mann, der es immer wieder und zuletzt ein Jahr vor seinem Tod, 1954, in seinem Tschechow-Essay als Botschaft formuliert: *Und man arbeitet dennoch, erzählt Geschichten, formt die Wahrheit und ergötzt damit eine bedürftige Welt in der dunklen Hoffnung, fast in der Zuversicht, dass Wahrheit und heitere Form wohl seelisch befreiend wirken und die Welt auf ein besseres, schöneres, dem Geiste gerechteres Leben vorbereiten können.*

Siddhartha und Govinda also wandern zur Stadt Savathi, in der sich der Buddha, der Ehrwürdige, aufhält. Wieder ist es Govinda, der sich bereits erlöst glaubt. Voll Freude ruft er: *Wohldenn, so ist unser Ziel erreicht und unser Weg zu Ende!* Wenn es denn so einfach wäre!

Die Stadt ist voll von Menschen, *wimmelnd wie Bienen*. Mönche, in gelbe Gewänder gehüllt, ziehen mit der Almosenschale aus. Und da ist Buddha. Er geht bescheiden seines Weges, sinnt seinen Gedanken nach, lächelt wie ein Kind. Seine Erscheinung strahlt Frieden und Vollkommenheit aus. Auch Siddhartha ist fasziniert: *Er blickte aufmerksam auf Gotamas Haupt, auf seine Schultern, auf seine Füße, auf seine stille herabhängende Hand, und ihm schien, jedes Glied an jedem Finger dieser Hand war Lehre, sprach, atmete, duftete, glänzte Wahrheit. Dieser Mann, dieser Buddha, wahrhaftig bis in die Gebärde seines letzten Fingers. Dieser Mann war heilig. Nie hatte Siddhartha einen Menschen so verehrt, nie hatte er einen Menschen so geliebt wie diesen.*

Wer ist Buddha? Er hieß ursprünglich Gautama Siddhartha und lebte im 4. Jahrhundert vor Christus in Nordindien. Er wurde zum Stifter der historisch ältesten Weltreligion. Seine Lehre prägte die Kulturen Indiens, Japans, Chinas und Tibets. Genauer gesagt war Buddha nicht der Begründer einer Lehre, sondern ihr Reformator. Denn der *Brahmanismus* war verwässert und kraftlos geworden. Ursprünglich stellte der Brahmanismus eine poesiereiche Naturreligion dar, die auf den *Weden* basierte. Im *Rigweda*, der etwa zwei Jahrtausende vor Christus bereits entstand, sowie in den anderen *Weden* und den *Upanischaden* findet sich das Wort *Brahma* erstmalig. *Brahma* ist ein vieldeutiges Wort – es bezeichnet den Priester, den Schöpfer, schließlich das All und das abstrakte Prinzip der Welt insgesamt. Dem Brahma zugehörig ist das *Atman*, die jede einzelne Seele umschließende Weltseele.

Hesse vergleicht in einem Brief von 1921 den historischen Vorgang der Religionserneuerung durch Buddha mit Luthers Reformation: *Jetzt erscheint der ganze Buddhismus mir mehr und mehr als eine Art indischer Reformation, genau entsprechend der christlichen. Buddha, obgleich der viel Tiefere, scheint mir jetzt sehr wohl mit Luther vergleichbar (natürlich nur in seinem Verhältnis zum Alten, zum Priestertum und Brahmanismus). Und der Verlauf der großen buddhistischen Welle scheint mir sehr ähnlich dem Verlauf der Reformation in Europa. Es beginnt beide Mal mit einer Vergeistigung und Verinnerlichung, es wird das Gewissen des Einzelnen zur wichtigsten Instanz, es wird mit äußerlichem Kult, mit Käuflichkeit der Gnade, mit Zauber und Opferkult aufgeräumt, die Priesterkaste verliert an Einfluss, das Denken und Wissen des Einzelnen wehrt sich gegen alte Autoritäten.*

Später hat sich, nach Hesse, dieser revolutionäre Impuls wieder verbraucht: *Wie nach wenigen Jahrhunderten die protestantische Kirche verkommt, als kulturverarmt und verknöchert, so sinkt ähnlich der Buddhismus wieder zurück vor dem Auffluten neuer Kulte und Seelenwelten aus dem alten Götterreich.*

Hesse und sein Held Siddhartha haben höchste Achtung vor Buddha, der einer der weisesten Köpfe der Menschheitsgeschichte war. Sein Denken galt der Befreiung von Geburt und Tod, nicht aber der Errichtung eines philosophischen Systems über Anfang und Ende der Welt, Gott oder nachtodliche Spekulationen. Brahmanen, die vorgaben, das Wesen Gottes zu kennen, verglich er mit Blindgeborenen, die einen Elefanten zu beschreiben versuchen – jeder Blinde charakterisiert das Tier nach dem, was er ertastet hat, nach dem Schwanz, den Beinen oder dem Ohr. Buddha war zurückhaltend gegenüber Aussagen über die Transzendenz, das Jenseitige.

Buddha lehnte das Hoffen auf eine ungewisse Zukunft ab. Er setzte stattdessen auf ein

Leben im Diesseits im Geiste Brahmas, also der Liebe und des Mitleids. Ein derart gut geführtes Leben könnte nach dem Tod in einer neuen Wiedergeburt weiterwirken. Buddha setzte zwar dem Elend das Streben nach dem *Nirwana* gegenüber, *der Begier Ende, des Hasses Ende, der Verblendung Ende*, aber, ähnlich wie nach ihm Jesus von Nazareth, setzte er auf gute Werke: *Das Leben schwindet hin: Kurz ist das Dasein. Das Alter reißt uns weg. Nichts kann uns retten. Des Todes drohende Gefahr erkennend, soll gutes Werk man tun, das Freudenlohn bringt…*

Wie jesuanisch mutet nicht auch Buddhas Aufforderung zur Beständigkeit in Güte an: *Wenn noch irgendjemand dir gegenüber Tadelndes sagen würde, dir mit der Hand einen Schlag versetzte, mit Erdklumpen einen Schlag versetzte, mit dem Stock einen Schlag versetzte, mit dem Schwert einen Schlag versetzte, so müsstest du selbst da alle weltlichen Willensregungen, alle weltlichen Eindrücke abtun. Selbst da hast du dich so zu üben: Mein Denken wird eben nicht einen Wechsel erleiden, und nicht wird ein böses Wort mir entfahren; mitleidsvoll werde ich bleiben, lie-*

bevollen Gemüts, nicht gehässigen Herzens – so hast du dich zu üben.

Buddha hatte, einer inneren Stimme folgend, Frau und Kind verlassen, um *vom Haus in die Hauslosigkeit* zu gehen. Nach den sieben Jahren bei den Asketen, den Samanas, wurde ihm die Erleuchtung von der Entstehung und der Aufhebung des Leides zuteil. Besitzlos und sich von Almosen ernährend, wanderte der *Erwachte* vierzig Jahre lang durch Indien. Buddha zog Schüler heran und gründete Gemeinden. Er starb als Achtzigjähriger, wie die Legende zu berichten weiß, in nachgerade sokratischer Gelassenheit.

Hesse wusste, warum er die europäische Geistigkeit und Religiosität mit den ursprünglichen buddhistischen Impulsen auffrischen und befruchten wollte. Keiner hat es so schön gesagt wie Friedrich Nietzsche in seiner Schrift *Morgenröte*: *So fortgeschritten Europa auch sonst sein mag: In religiösen Dingen hat es noch nicht die freisinnige Naivität der alten Brahmanen erreicht, zum Zeichen, dass in Indien … mehr gedacht wurde und mehr Lust am Denken vererbt zu werden pflegte als jetzt unter uns. Jene Brahmanen nämlich glaubten erstens, dass die Priester mächtiger seien als die Götter, und zweitens, dass die Bräuche es seien, worin die Macht der Priester begriffen liege … Einen Schritt weiter: und man warf die Götter beiseite, – was Europa auch einmal tun muss! Noch einen Schritt weiter: und man hatte auch die Priester und Vermittler nicht mehr nötig, und der Lehrer der Religion der Selbsterlösung, Buddha, trat auf: – Wie ferne ist Europa noch dieser Stufe der Kultur!*

Govinda, der Schüchterne, geht den Weg des Buddha. Er nimmt seine Zuflucht zum Erhabenen und zu seiner Lehre. Er bittet um Aufnahme in Buddhas Jüngerschaft. Govinda wird mit einer Schar anderer Pilger in sie aufgenommen. Frisch konvertiert, fordert er den Freund Siddhartha auf, auch er möge sich als ein Gefolgsmann Buddhas dem Pfad der Erlösung anschließen. Doch Siddhartha verneint.

Warum mag Siddhartha sich nicht Govinda und damit dem Buddha anschließen? Diese Frage und ihre Beantwortung bildet den geistigen Höhepunkt der philosophischen Erzählung. Am anderen Tag begegnet Siddhartha dem Buddha. Die Begrüßung ist freundlich. Siddhartha eröffnet dem Erhabenen freimütig seine Absage der Gefolgschaft: *Zusammen mit meinem Freund kam ich aus der Ferne her, um die Lehre zu hören. Und nun wird mein Freund bei den Deinen bleiben, zu dir hat er seine Zuflucht genommen. Ich aber trete meine Pilgerschaft aufs Neue an.*

Es ist Siddhartha lebenswichtig, seine Entscheidung zu begründen. Er tut dies in tiefem Respekt: *Eines, o Ehrwürdigster, habe ich an deiner Lehre vor allem bewundert: Alles in deiner Lehre ist vollkommen klar, ist bewiesen; als eine vollkommene, als eine nie und nirgends unterbrochene Kette zeigst du die Welt, als eine ewige Kette, gefügt aus Ursachen und Wirkungen. Niemals ist dies so klar, nie so unwiderleglich dargestellt worden; höher wahrlich muss jedem Brahmanen das Herz im Leibe schlagen, wenn er durch deine Lehre hindurch die Welt erblickt als vollkommenen Zusammenhang, lückenlos, klar wie ein Kristall, nicht vom Zufall abhängig.* Aber Siddhartha sieht Buddhas Lehre von der Einheit und Folgerichtigkeit aller Dinge an einer entscheidenden Stelle unterbrochen durch etwas Unbewiesenes: *Das ist deine Lehre von der Überwindung der Welt, von der Erlösung. Mit dieser kleinen Lücke, mit dieser kleinen Durchbrechung aber ist das ganze ewige und einheitliche Weltgesetz wieder zerbrochen und aufgehoben. Mögest du mir verzeihen, wenn ich diesen Einwand ausspreche.*

Buddhas Lehre von der Erlösung durch Weltverzicht ist ein Axiom, eine nicht zu beweisende Grundvoraussetzung. Sie ist ein singulärer Entschluss. Sie ist eine existenzielle Erleuchtung des einzelnen Individuums Buddha. Sie ist kein zu generalisierendes Gesetz.

Der Hesse-Herausgeber Volker Michels hat die entscheidende Differenz des Suchers Siddhartha wie seines geistigen Schöpfers Hermann Hesse zum Buddhismus mit unübertrefflicher Prägnanz herausgearbeitet: *Siddharthas Temperament und Konstitution sind von derjenigen Buddhas grundverschieden, ja sie stehen geradezu im Gegensatz zur buddhistischen Weltflucht und zur Verneinung des Lebenswillens, die zum Beispiel Schopenhauers Wahlverwandtschaft mit dem Buddhismus ausgemacht hat. Er wird sich bewusst, dass er dasselbe Ziel, die Harmonie Buddhas, auf seinem eigenen Weg, einem aktiven und „abendländischen" Weg erreichen muss. Denn Siddhartha ist, nach Hesses eigenen Worten, „ein sehr europäisches Buch, trotz seines Milieus, und die Siddhartha-Lehre geht so stark vom Individuum aus und nimmt es so ernst, wie keine asiatische Lehre es tut". Es könne geradezu gesagt werden, fügt Hesse hinzu, Siddhartha sei ein Ausdruck seiner Befreiung vom indischen Denken, der Weg dieser Befreiung aus jedem Dogma, auch dem indischen, führe bis Siddhartha, gehe natürlich weiter, solange er am Leben bleibe.*

Siddhartha erfasst genau das Wesen einer *Religion der Selbsterlösung* (Nietzsche) – sie braucht keinen Buddha, das heißt keine *Kirche* der Selbsterlösung, keinen Apparat, kein Mönchtum, keine Gefolgschaft.

Erlösung ist ein existenzieller Prozess aus der Mitte des Herzens und aus den Erfahrungen eines gelebten und durchlittenen Lebens heraus. Erlösung ist nicht durch ein Regelwerk von Vorschriften vermittelbar. Erlösung bedeutet Individualisierung und Entstehung der

Persönlichkeit durch eine hindernisreiche Seelenlandschaft von Leiden und Freuden.

So kann denn auch Siddhartha Buddha seine kühnen Gedanken über die Erlösung mitteilen: *Nicht ist sie dir geworden durch Lehre. Und – so ist mein Gedanke o Erhabener – keinem wird Erlösung zuteil durch Lehre! ... Dies ist es, weswegen ich meine Wanderschaft fortsetze – nicht um eine andere, eine bessere Lehre zu suchen, denn ich weiß, es gibt keine, sondern um alle Lehren und alle Lehrer zu verlassen und allein mein Ziel zu erreichen oder zu sterben. Oftmals aber werde ich dieses Tages gedenken, o Erhabener, und dieser Stunde, da meine Augen einen Heiligen sahen.* Er fügt hinzu: *Wäre ich nun einer deiner Jünger, o Ehrwürdiger, so fürchte ich, es möchte mir geschehen, dass nur scheinbar, nur trügerisch mein Ich zur Ruhe käme und erlöst wäre ... Denn ich hätte dann die Lehre, hätte meine Nachfolge, hätte meine Liebe zu dir, hätte die Gemeinschaft der Mönche zu meinem Ich gemacht!*

Siddhartha hat damit im Sinne der *doppelten Negation* des Philosophen Hegel (1770–1831) die Botschaft Buddhas *aufgehoben*, das heißt er hat ihre Begrenztheit negiert (verneint, bestritten – M. J.) und ihren kostbaren Wesenskern, die Religion der *Selbsterlösung*, in eine neue, lebensphilosophische Synthese hinübergenommen. Er folgt damit einem von Buddha selbst gesetzten spirituellen Impuls, den der Denker so ausdrückt:

Seid euer eigenes Licht.
Seid eure eigene Zuversicht.
Haltet euch an die Wahrheit in euch selbst
als das einzige Licht.

Siddhartha ist entschlossen, ins Innerste seines Selbst zu dringen. Keine Lehre mehr wird ihn verlocken, wenn selbst Buddhas Lehre ihn nicht zu überzeugen vermochte. Und doch ist die Begegnung Siddharthas mit dem Lehrer Buddha von unermesslichem Wert.

Siddhartha erkennt nämlich: *Beraubt hat mich der Buddha, beraubt hat er mich und mehr noch hat er mich beschenkt.* Beraubt hat er Siddhartha nicht nur seines Freundes Govinda, sondern auch der Illusion an die Allheilkraft jeglicher Lehre. Geschenkt hat er Siddhartha sich selbst. Siddhartha braucht keinen Lehrer mehr. Wie sagt Nietzsche im *Zarathustra*: *Man versteht einen Lehrer schlecht, wenn man immer nur der Schüler bleibt.* Siddhartha wird sich selbst zum Lehrer.

Und Govinda? Govinda ist das, was man einen *autoritären Charakter* nennt. Soziologen, Philosophen und Psychoanalytiker wie Theodor W. Adorno, Max Horkheimer und Erich Fromm haben diesen ich-schwachen Charaktertypus, vor dem Hintergrund der Massenpsychose des Faschismus, entdeckt und analysiert. Natürlich ist der sanfte spirituelle Govinda kein potenzieller Kandidat einer terroristischen Massenbewegung wie des Nationalsozialismus, aber er zeigt doch eine Neigung zur Gefolgschaft und Unterordnung. Govinda folgt, letztlich gesehen, wie so viele von uns in bestimmten Abschnitten ihres Lebens, einem seelischen Fluchtmechanismus.

Siddhartha erkennt nunmehr: *Dass ich nichts von mir weiß, dass Siddhartha mir so fremd, unbekannt geblieben ist, das kommt aus einer Ursache, einer einzigen: Ich hatte Angst vor mir, ich war auf der Flucht vor mir!* Und: *Bei mir selbst will ich lernen, will ich Schüler sein, will ich mich kennen lernen, das Geheimnis Siddhartha.*

So wollte Hesse sich selbst auch verstanden wissen. Er sei kein Lehrer, sondern lediglich ein Anreger. Immer wieder erläuterte er seinen Lesern, die ihn sechzig Jahre lang mit Anfragen bestürmten: *Die Antwort – das bist du.* Hesse warnte 1956 in einem Brief an einen Leser: *Wer sich einem Autor, einem Lehrer, einer Lehre blind und gern hingibt und unterwirft, wer den Helden einer Dichtung nachahmt, statt sich von ihm auf dem eigenen Weg bestärken zu lassen, der wäre auch ohne Buch und Autor kein Eigener und Eigensinniger geworden.*

Als Hesses ältester Sohn Bruno einmal als Maler und Autor zu resignieren drohte, schrieb der Dichter ihm als Vater im Geiste dieses schöpferischen Individualismus tröstend: *Gott wird dich, wenn er dich richtet, nicht fragen: Bist du ein Hodler geworden oder ein Amiet* (Schweizer Maler – M.J.) *oder ein Pestalozzi oder Gotthelf? Sondern er wird fragen: „Bist du auch wirklich der Bruno Hesse gewesen und ge-*

worden, zu dem du die Anlagen und Erbschaften mitbekommen hast?" Und da wird niemals ein Mensch ohne Scham oder Schrecken seines Lebens und seiner Irrwege gedenken, er wird höchstens sagen können: „Nein, ich bin es nicht geworden, aber ich habe es wenigstens nach Kräften versucht". Und wenn er das aufrichtig sagen kann, dann ist er gerechtfertigt und hat die Probe bestanden. – Wenn solche Vorstellungen wie „Gott" oder „ewiger Richter" etc. dich stören, so kannst du sie ruhig weglassen, auf sie kommt es nicht an. Es kommt einzig darauf an, dass jedem von uns ein Erbe und eine Aufgabe mitgegeben ist ... und dies Einmalige, das in deinem Fall Bruno Hesse heißt, hat er zu verwalten und zu Ende zu leben, reif werden zu lassen und schließlich mehr oder weniger vollkommen zurückzugeben ... Tausende Verführungen bringen uns beständig von diesem Wege ab, aber die stärkste aller Verführungen ist die, dass man im Grunde ein ganz anderer sein möchte, als man ist, dass man Vorbildern und Idealen folgt, die man nicht erreichen kann und auch gar nicht erreichen soll.

Leben

Ich kenne keinen Körper, keine Stimme, keinen Geruch, keinen Geschmack, keine Berührung, die das Denken so fesseln wie Körper, Stimme, Geruch, Geschmack und Berührung der Frau. Ich kenne keinen Körper, keine Stimme, keinen Duft, keinen Geschmack, keine Berührung, die das Denken der Frau so fesseln wie Körper, Stimme, Geruch, Geschmack und Berührung des Mannes.

Buddha

Siddhartha hat begriffen: Buddha, der Erwachte, erlangte sein Wissen weder durch die Offenbarung eines Gottes, noch durch die Unterweisung eines Lehrers. Er erlangte sein Wissen durch Vertiefung in das Leben. *Man muss*, sagt Hesse einmal, *durch das Leid und durch die Verzweiflung hindurch, um wieder ans Licht zu kommen*. Und: *Ich bin im Ganzen gegen das Heroische … eher miss-*

SCHÖN WAR DIE WELT,
WENN MAN SIE SO BETRACHTETE.

›SIDDHARTHA‹

trauisch, und so habe ich es in meinem eigenen Leben mit seltenen Ausnahmen ... gehalten, dass ich für den kürzesten Weg durch die Welt voll Schmerzen den ansah, der mitten durch den Schmerz hindurchführt, das heißt ich übergab mich ihm und den höheren Gewalten und überließ es ihnen, was daraus werden würde.

Siddhartha nimmt nunmehr auch Abstand zu den fragwürdigen „Tugenden", den steilen Idealen seiner frühen Jugend, der Askese und der Entselbstung, der Weltverachtung und Verneinung. Er könnte mit dem „Jungianer" Hesse sagen: *Tugenden sind übrigens, ebenso wie Talente, eine Art von gefährlichen, wenn auch jeweils nützlichen Hypertrophien, etwa wie gezüchtete Gänselebern von abnormer Größe. Da ich kein Talent, auch keine Tugend in mir hochziehen kann, ohne die dazu erforderliche Seelenenergie andern Trieben wegzunehmen, bedeutet jede hochgetriebene Tugend eine Spezialisierung auf Kosten unterdrückter und Not leidender Lebensrichtungen ebenso, wie man den Intellekt auf Kosten der Sinnlichkeit, oder das Gefühl auf Kosten des Verstandes ins Kraut schießen lassen kann.*

Jetzt endlich wird auch Siddhartha ein *Erwachter*. Nietzsche sagt einmal: *Eine Schlange, die sich nicht häutet, stirbt*. Siddhartha, der inzwischen kein Jüngling mehr, sondern ein Mann geworden ist, stellt fest, *dass eines ihn verlassen hatte, wie die Schlange von ihrer alten Haut verlassen wird, dass eines nicht mehr in ihm vorhanden war, das durch seine ganze Jugend ihn begleitete und zu ihm gehört hatte: der Wunsch, Lehrer zu haben und Lehren zu hören.*

Wie schön ist diese Welt. Hesse entfaltet zu ihrer Darstellung eine berückend anmutige Prosa von rhythmisch-schwingender, psalmodierender Musikalität: *Siddhartha lernte Neues auf jedem Schritt eines Weges, denn die Welt war verwandelt und sein Herz war bezaubert … Er sah nachts am Himmel die Sterne geordnet und den Sichelmond wie ein Boot im Blauen schwimmen. Er sah Bäume, Sterne, Tiere, Wolken, Regenbogen, Felsen, Kräuter, Blumen, Bach und Fluss, Taublitz im morgendlichen Gesträuch, ferne hohe Berge, blau und bleich, Vögel sangen und Bienen, Wind wehte silbern im Reisfelde.*

Was hat es auf sich mit dem trügerischen *Schleier der Maya*? Ist es wirklich die einzige Wahrheit, dass wir auf das *Rad der Samara*, der qualvollen millionenhaften Wiedergeburten, in Dreck und Schmutz geflochten sind? Stimmt es, dass das Leben wertlos ist?

Siddhartha verabschiedet sich von einer faulen Metaphysik, also der vermeintlichen Welt hinter dem Seienden, die das altgriechische Wort *meta ta physika* (*hinter den Dingen*) beschwört. Die Dinge kommen zu Siddhartha, weil er Augen und Seele öffnet: *Nun aber weilte sein befreites Auge diesseits, es sah und erkannte die Sichtbarkeit, suchte Heimat in dieser Welt, suchte nicht das Wesen, zielte in kein Jenseits. Schön war die Welt, wenn man sie so betrachtete, so ohne Suchen, so einfach, so kinderhaft.*

Haben wir es gelernt, in unserem von wichtigtuerischer Vielgeschäftigkeit erfüllten Alltag, die Natur in ihrem Glanz noch als ein Geschenk zu betrachten? Siddhartha ist förmlich trunken von dem moussierenden Prickeln dieses dionysischen, ekstatisch ausgelassenen Lebens: *Schön war Mond und Gestirn, schön war*

Bach und Ufer, war Wald und Fels, Ziege und Goldkäfer, Blume und Schmetterling. Schön und lieblich war es, so durch die Welt zu gehen, so kindlich, so erwacht, so dem Neuen aufgetan, so ohne Misstrauen. Anders brannte die Sonne auf die Haut, anders kühlte der Waldschatten, anders schmeckte Bach und Zisterne, anders Kürbis und Banane.

Es macht keinen Sinn, das Ich der Sinne zu töten und einseitig der Weltflucht und reiner Gelehrsamkeit zu frönen. Beide, Sinne und Gedanken, gehören zusammen. Beide gilt es zu hören, *aus beiden die geheimen Stimmen des Innersten zu erlauschen.*

Auch jetzt wieder, in der neuen Phase seines Lebens, erlebt Siddhartha das Abenteuer unserer fließenden Identität. Er ist nicht mehr der gehorsame Sohn eines reichen Brahmanen. Er ist nicht mehr Asket. Er ist nicht mehr Priester. Er ist kein Zuhörer Buddhas mehr. Was aber ist er denn?

Das sind Momente des zugespitztesten Bewusstseins, aber auch des brunnentiefen Erschreckens. Sören Kierkegaard, ein früher religiöser Existenzphilosoph des 19. Jahrhunderts (1813–1855), sprach in seinem Werk *Der Begriff Angst* von eben jener Angst, die es kostet *auszuhalten, ein Individuum zu sein*. Er bekundete kosmisches Entsetzen, wenn er notierte: *Ich stecke meinen Finger in das Dasein – und es schmeckt nach Nichts.*

Eben diesen Urschreck der Individuation, des letztlich einsamen Seins des Menschen und seiner *Geworfenheit*, wie die moderne Existenzphilosophie es formuliert, spürt in diesem Lebensaugenblick auch unser Held: *Regungslos blieb Siddhartha stehen, und einen Augenblick und Atemzug lang fror sein Herz, er fühlte es in seiner Brust frieren wie ein kleines Tier, einen Vogel oder einen Hasen, als er sah, wie allein er sei ... Jetzt war er nur noch Siddhartha, der Erwachte, sonst nichts mehr. Tief sog er den Atem ein, und einen Augenblick fror er und schauderte. Niemand war so allein wie er.*

Wo unser Leben sich neu konstelliert, da weist uns das Unbewusste leise den Weg. Oft vernehmen wir seine feine Stimme nicht, besonders wenn sie sich in der komplizierten Symbolik eines Traumes verschlüsselt. Siddhartha träumt. Er weiß, wie der biblische Josef beim Pharao, die Botschaft zu deuten. Govinda taucht in diesem Traum auf. Er trägt sein gelbes Asketengewand und fragt Siddhartha mit einem Herz voller Trauer, warum er ihn verlassen habe. Unerhörtes geschieht da im Traum.

Siddhartha *umarmte Govinda, schlang seine Arme um ihn, und indem er ihn an seine Brust zog und küsste, war es nicht Govinda mehr, sondern ein Weib, und aus des Weibes Gewand quoll eine volle Brust, an der lag Siddhartha und trank, süß und stark schmeckte die Milch dieser Brust. Sie schmeckte nach Weib und Mann, nach Sonne und Wald, nach Tier und Blume, nach jeder Frucht, nach jeder Lust. Sie machte trunken und bewusstlos.*

Die Liebe ist angesagt, die Liebe zur erdhaften Welt, die Liebe zur Frau. Von Gefühl und Zärtlichkeit getrieben, eilt Siddhartha seiner nächsten Bestimmung entgegen. Er begegnet, zum ersten Mal, dem Fährmann Vasudeva.

Dieser rudert ihn über den großen Fluss. Siddhartha vermag zu diesem Zeitpunkt weder die Bedeutsamkeit des Mannes noch das Gleichnis des Flusses zu verstehen. Das ist tiefenpsychologisch so abwegig nicht: Der noch nicht genügend innerlich Differenzierte vermag komplexere Persönlichkeiten und Zusammenhänge nicht zu erkennen. Wie oft gehen wir im Leben achtlos an bedeutenden Menschen und ihrer Botschaft vorbei, weil wir noch unreif sind und über keinen geistigen Resonanzraum verfügen. Jahre später begreifen wir, dass der *Engel der Geschichte* uns Ahnungslose mit seinen Rockschößen gestreift hat.

Vasudeva ist seinem Namen nach eine Figur aus der indischen Mythologie der Frühzeit. Dort holt ein Vasudeva das Kleinkind Krishna aus dem Gefängnis und trägt es über den Fluss, um es vor dem Tod zu retten. Er ist also eine Art vorchristlicher Christophorus, ein Gottesträger. Der Fährmann verkörpert den Archetypus des Führers. In der griechischen Mythologie begegnen wir ihm in der Gestalt des Charon, der die Gestorbenen über den Todesfluss Acheron in ihr neues Leben rudert.

Diesmal kann Vasudeva dem Siddhartha nur die Dienstleistung des Übersetzens bieten, beim zweiten Mal wird er als Archetypus des Führers den Jüngeren an das Ufer seiner Seele geleiten – vom Ich zum Selbst.

Noch immer ist Siddhartha äußerlich ein struppiger Samana. Er ist bärtig und ausgemergelt. Aber der Eros glüht in ihm. Auf seinem Weg in die Welt begegnet er einem jungen Weib, das am Bach Kleider wäscht. Schön schimmert ihr feuchter Mund. Sie kokettiert mit ihm. Sie macht eine Bewegung, wie die Frau sie macht, wenn sie den Mann zu jener Art des Liebesgenusses auffordert, heißt es, welchen die Lehrbücher das „Baumbesteigen" nennen. Im Lehrbuch des *Kama Sutra* bezeichnet dies die sechste von zwölf klassischen Positionen des Koitus. Siddhartha erwärmt sich. Sein Blut erhitzt sich. Er küsst mit seinen hungrigen Lippen die braunen Spitzen ihrer Brust. Siddhartha fühlt Sehnsucht *und den Quell des Geschlechts sich bewegen*. Auch die junge Frau ist voller Verlangen.

Doch in diesem Moment hört er das Nein seiner inneren Stimme: *Da wich vom lächelnden Gesicht der jungen Frau aller Zauber, er sah nichts mehr als den feuchten Blick eines brünstigen Tierweibchens. Freundlich streichelte er ihre Wange, wandte sich von ihr und verschwand vor der Enttäuschten leichtfüßig in das Bambusgehölze.*

Das ist in dem Entwicklungsroman unseres Helden seelisch stimmig. Die körperliche Begierde schafft noch lange keine seelische Intimität. Sie ist zwar der kürzeste Weg, um sich näher zu kommen. Doch oft ist sie trügerisch, weil sie den anderen und sich selbst nicht wirklich meint.

Endlich gelangt der frühere Samana zu einem schönen Hain vor einer Stadt. Mägde eilen umher. Körbe werden transportiert. In einer Sänfte erblickt Siddhartha eine ungewöhnliche Frau: *Unter hochgetürmten schwarzen Haaren sah er ein sehr helles, sehr zartes, sehr kluges Gesicht, hellroten Mund wie eine frisch aufgebrochene Feige, Augenbrauen gepflegt und gemalt in hohen Bogen, dunkle Augen, klug und wachsam, lichten hohen Hals aus grün und goldenem Ober-*

kleide steigend, ruhend helle Hände, lang und schmal, mit breiten Goldreifen über den Gelenken. Siddhartha sah, wie schön sie war, und sein Herz lachte. Tief verneigte er sich, als die Sänfte nahe herankam, und sich wieder aufrichtend, blickte er in das helle holde Gesicht.

Siddhartha ist ergriffen von der Liebe und der Sinnlichkeit. Kein Wunder, ist er doch der großen Kamala begegnet. Sie ist eine bedeutende Kurtisane von höchster Kultur und Raffinesse, wie wir es etwa bei den japanischen Geishas oder den altgriechischen Hetären kennen. Sie ist keine Prostituierte im Rotlichtmilieu. Der Name Kamala kommt von dem Sanskrit-Wort für *Begehren*. Er spielt an auf den indischen Liebesgott Kama, aber auch auf Kamdewa, den Gatten der Rati (*Wollust*).

Mit seinem verheerenden „Outfit" kann der Held nicht vor die Augen der Liebeskünstlerin treten. Siddhartha lässt sich in einem schnellen Entschluss von einem Barbiergehilfen den Bart rasieren, das Haar schneiden und kämmen und mit feinem Öl salben. Er will, dass ihn Kamala gut riechen kann. Er geht im Flusse baden. Anderntags begegnet er Kamala, ohne wie früher die Augen vor einer Frau niederzuschlagen. Er macht das, was uns in unserem *Minderwertigkeitskomplex* (Alfed Adler) oft so schwer fällt – er benennt seine Liebe und seine Wünsche genau: *Wenn es dir nicht missfällt, Kamala, möchte ich dich bitten, meine Freundin und Lehrerin zu sein, denn ich weiß noch nicht von der Kunst, in der du Meisterin bist.*

Kamala nimmt den Zögling des Lebens in ihre Schule. Sie lehrt ihn die Kunst des Liebens: *Sie zog ihn mit den Augen zu sich, er beugte sein Gesicht auf ihres und legte seinen Mund auf den Mund, der wie eine frisch aufgebrochene Feige war. Lange küsste ihn Kamala, und mit tiefem Erstaunen fühlte Siddhartha, wie sie ihn lehrte, wie sie weise war, wie sie ihn beherrschte, ihn zurückwies, ihn lockte, und wie hinter diesem ersten eine lange, eine wohlgeordnete, wohlerprobte Reihe von Küssen stand, jeder vom anderen verschieden, die ihn noch erwarteten. Tief atmend blieb er stehen und war in diesem Augenblick wie ein Kind erstaunt über die Fülle des Wissens- und Lernenswerten, die sich vor seinen Augen erschloss.*

Aber Kamala nimmt Siddhartha, in den sie sich unauflöslich verliebt, in einen Entwicklungsprozess zur Kultur hinein, der Siddhartha grundlegend verwandeln wird. Sie verfeinert und vergeistigt ihn. Ja, sie schenkt ihm, dem früheren Asketen, das Leben. In der Liebe lieben wir das Beste aus uns selbst und dem anderen heraus. In der Liebe sind wir lebendig wie noch nie. Der Mystiker Angelus Silesius (Johannes Scheffler), 1624–1677, formuliert es so: *Was du liebst, in das wirst du verwandelt werden.*

Kamala ist es auch, die den Liebsten zum Erwerb eines Berufes und zu kaufmännischen Interessen anspornt. Sie hilft ihm damit, sich im Leben zu verankern und einen Platz in der Gemeinschaft zu finden. Denn sie will keinen Habenichts und keinen Untüchtigen lieben, sondern einen ebenbürtigen Mann, der sich auf gleicher Augenhöhe wie sie befindet. Sie schickt ihn zu dem Kaufmann Kama*swami*. Der Name bedeutet in seinem zweiten Teil *Meister, Besitzer*. Auch ihn mag man als einen Archetypus sehen. Er symbolisiert den erobernden Weltmann, der sich mit dem Handel und Wandel der Menschen einlässt. Auch diesen praktischen, lebenszugewandten Aspekt unserer Seele sollten wir nicht verkümmern lassen. Wir sollten ihn hegen und pflegen, ohne ihm als dem bloßen *Mammon* zu verfallen.

Es ist eine der hübschesten Stellen der Erzählung, wie Siddhartha dem Millionär als vermeintlicher Bittsteller ohne ein Geldstück in der Tasche gegenübertritt, ihn aber in einer kurzen Gesprächssequenz schachmatt setzt. Schauen wir uns den hinreißenden Dialog einmal an:

„*Bist du denn in Not geraten, Brahmane, dass du Dienste suchst?*“, fragt der berühmte Kaufmann.

„*Nein*“, erwidert Siddhartha, „*ich bin nicht in Not geraten und bin nie in Not gewesen.*“

Das verblüfft Kamaswami: „*Wenn du von den Samanas kommst, wie solltest du da nicht in Not sein? Sind nicht die Samanas völlig besitzlos?*“

Bedeutet Besitzlosigkeit immer auch Not? Siddhartha löst die philosophische Frage mit einer überraschenden Pointe: „*Besitzlos bin ich, wenn es das ist, was du meinst. Gewiss bin ich besitzlos. Doch bin ich es freiwillig, also nicht in Not.*" Aber was hat ein Besitzloser einem Kaufmann zu bieten?, fragt fassungslos Kamaswami.

Siddhartha antwortet zunächst mit einem Rätsel: „*Jeder gibt, was er hat. Der Krieger gibt Kraft, der Kaufmann gibt Ware, der Lehrer Lehre, der Bauer Reis, der Fischer Fische.*"

Das versteht Kamaswami. Er insistiert daher mit der Frage: „*Und was ist es nun, was du zu geben hast?*"

Siddhartha gibt eine Antwort, die ebenso überraschend wie grandios ist: „*Ich kann denken. Ich kann warten. Ich kann fasten.*"

Genau das hat Siddhartha bei den Samanas gelernt. Er kann scharf reflektieren, rasch begreifen, die Dinge denkerisch durchdringen. Er ist kein Konformist, sondern ein mutiger Kopf, der sich begeistern kann und der eigensinnig seinen eigenen Weg sucht. Er ist fähig, Probleme zu lösen. Er hält wenig von der öffentlichen Meinung. Er ist in jeder Phase seines Körpers und seiner Seele offen für die Wunder der Welt. Er hat, in der Sprache der modernen Psychologie gesprochen, eine hohe *Frustrationstoleranz*: Er gibt in schwierigen Situationen nicht auf. Er kann warten und Abstinenz vom Konsum üben.

Das erklärt er denn auch dem überraschten Kaufmann Kamaswami: „*Wenn ein Mensch nichts zu essen hat, so ist Fasten das Allerklügste, was er tun kann. Wenn, zum Beispiel, Siddhartha nicht fasten gelernt hätte, müsste er heute noch irgendeinen Dienst annehmen, sei es bei dir oder wo immer, denn der Hunger würde ihn dazu zwingen. So aber kann Siddhartha ruhig warten, er kennt keine Ungeduld, er kennt keine Notlage, lange kann er sich vom Hunger belagern lassen und kann dazu lachen. Dazu, Herr, ist Fasten gut.*“

Es ist psychologisch auch stimmig, dass Hesse mit dem *Denken*, *Warten*, *Fasten* keine quantifizierbaren, durch Zertifikate belegte Qualitäten hervorhebt, sondern einfach menschliche Eigenschaften. Wie oft treffe ich in meiner psychotherapeutischen Praxis Menschen an, die ein Leben lang nicht darüber hinwegkommen, kein Abitur oder kein Studium absolviert zu haben! Sie verlieren darüber ihre Klugheit, ihre autodidaktische Lernfähigkeit, ihre musischen Begabungen, ihre Tiefe und Lebenstüchtigkeit aus den Augen. Wir sind meist reicher, als es unsere Zeugnisse ausweisen und als wir es selbst meinen!

Siddhartha schafft einen märchenhaften beruflichen Aufstieg. Seine Geschäfte florieren. Kamaswami macht ihn auf Grund des Erfolges zum Teilhaber. Ein Drittel aller Gewinne fließen auf Siddharthas Konto. Siddhartha wird reich. Er besitzt ein eigenes Haus mit vielen Dienern, auch einen Garten vor der Stadt am Flusse: *Siddhartha hatte gelernt, Handel zu treiben, Macht über Menschen auszuüben, sich mit dem Weibe zu vergnügen, er hatte gelernt, schöne Kleider zu tragen, Dienern zu befehlen, sich in wohlriechenden Wassern zu baden.*

Auch in der Liebe wird Siddhartha ein Virtuose. Täglich besucht er seine schöne Geliebte und bringt ihr Geschenke mit. Kamala lehrt ihn alles, was sie ihm zu geben vermag: *Ihn, der in der Liebe noch ein Knabe war und dazu neigte, sich blindlings und unersättlich in die Lust zu stürzen wie ins Bodenlose, lehrte sie von Grund auf die Lehre, dass man Lust nicht nehmen kann, ohne Lust zu geben, und dass jede Gebärde, jedes Streicheln, jede Berührung, jeder Anblick, jede kleinste Stelle des Körpers ihr Geheimnis hat, das zu wecken dem Wissenden Glück bereitet.*

Siddhartha lernt die Ebenbürtigkeit und den Respekt in der Liebe, die Achtsamkeit und die Zuwendung. Kamala ist seine Lehrerin: *Sie lehrte ihn, dass Liebende nach einer Liebesfeier nicht voneinander gehen dürfen, ohne eins das andere zu bewundern, ohne ebenso besiegt zu sein, wie gesiegt zu haben, so dass bei keinem von beiden Übersättigung und Öde entstehe und das böse Gefühl, missbraucht zu haben oder missbraucht worden zu sein. Wunderbare Stunden verbrachte er bei der schönen und klugen Künstlerin zu, wurde ihr Schüler, ihr Liebhaber, ihr Freund.*

Als Sigmund Freud gefragt wurde, wie er *Gesundheit* definieren würde, antwortete er lakonisch: *Arbeiten und lieben.* In der schöpferischen – nicht entfremdeten – Arbeit und in der Liebe überwinden wir die Angst vor dem Alleinsein und finden zum Einssein mit anderen. Ein aktiv tätiges und liebendes Selbst ist stark. In der Liebe und in der Tätigkeit findet der Mensch Wurzeln und Lebenssinn.

Fast scheint es so, als ob Siddhartha wunschlos glücklich ist – also dem Sanskrit-Wort zufolge *ein Mann ist, der sein Ziel erreicht hat.* Das Leben liegt ihm wie ein golddurchwirkter Teppich zu Füßen. Die Zeit könnte stille stehen. Alles ist erreicht. So wie es Hermann Hesse in seinem Gedicht *Blauer Schmetterling* als den Wimpernschlag vollendeten Glücks in Worte gerückt hat:

Flügelt ein kleiner blauer
Falter vom Wind geweht,
Ein perlmutterner Schauer,
Glitzert, flimmert, vergeht.
So mit Augenblicksblinken,
So im Vorüberwehn
Sah ich das Glück mir winken,
Glitzern, flimmern, vergehn.

Zusammenbruch

Ich habe oft ein Gefühl, als ständen wir Menschen so unendlich einsam im All da, dass wir nicht einmal einer vom anderen das Geringste wüssten und dass all unsere Freundschaft und Liebe Aneinanderfliegen vom Wind zerstreuter Sandkörner gliche.

Friedrich Hebbel (1813–1863)
Tagebücher

So gut sieht Siddharthas Leben äußerlich aus. Doch wie ein Wurm im Apfel steckt verborgen eine neue Krise in ihm. Wir erkennen meist nicht die ersten Symptome des späteren Zusammenbruchs. Wir sind hartnäckige Verleugner und Verdränger.

Mit dem Herzen ist Siddhartha nicht bei seinem Beruf. *Dieser Brahmane*, verrät Kamaswami einem Freund, *ist kein richtiger Kaufmann und wird nie einer werden, nie ist seine Seele mit Leidenschaft bei den Geschäften. Aber er*

ER BETRIEB DAS SPIEL
AUS DER NOT SEINES HERZENS
>SIDDHARTHA<

hat das Geheimnis jener Menschen, zu welchen der Erfolg von selber kommt, sei das nun ein angeborener guter Stern, sei es Zauber, sei es etwas, das er bei den Samanas gelernt hat. Siddhartha geht freundlich mit den *Kindmenschen*, wie er sie nennt, um, aber er lässt sie nicht wirklich an sich heran.

Gelegentlich spürt er in seiner Brust *eine sterbende, leise Stimme*. Sie ist kaum vernehmlich, aber mahnend. Er spürt, dass er zunehmend ein beziehungsloses Leben ohne innere Beteiligung führt, dass er mit den Geschäften, mit den Menschen und seinem eigenen Leben nur spielt, *wie ein Ballspieler mit seinen Bällen.* Kamala verrät ihm sein innerstes, wie ein Krebsgeschwür wucherndes, Geheimnis: *Und dennoch, Lieber, bist du ein Samana geblieben, dennoch liebst du mich nicht, du liebst keinen Menschen. Ist es nicht so?* Auch sie, die von den Männern Angebetete, spielt auf ihre Weise erotisch mit ihnen. Siddhartha sagt denn auch melancholisch: *Die Menschen von unserer Art können vielleicht nicht lieben. Die Kindmenschen können es; das ist ihr Geheimnis.*

Siddhartha beneidet die *Kindmenschen* um die Wichtigkeit, die sie ihrem Leben geben, und um das *süße Glück ihrer ewigen Verliebtheit.* Er selbst vermag es nicht. Er verdirbt immer mehr an dieser Unfähigkeit. Nach und nach nimmt er, wie so viele reiche Leute, die Züge des Missmutes, der Lieblosigkeit und der Unzufriedenheit an. Eine Müdigkeit senkt sich über ihn. Er entwickelt Habgier, cholerische Wut und einen Hang zum Rausch und Würfelspiel: *Er betrieb das Spiel aus der Not seines Herzens, das Verspielen und Verschleudern des elenden Geldes schuf ihm eine zornige Freude, auf keine andere Weise konnte er seine Verachtung des Reichtums, des Götzen der Kaufleute, deutlicher und höhnischer zeigen.*

Im Spiegel findet er sein Gesicht gealtert. Vom Spiegel flüchtet er in einen immer rasender werdenden Kreislauf von Rausch und Spiel. Siddhartha steht jetzt in den Vierzigern. Er entdeckt, wie die meisten Männer, die ersten ergrauten Haare zwischen seinen schwarzen. Die Furcht vor dem Alter und dem Sterben packt ihn. Wieder ist es ein Traum, ein Sendbote des Unbewussten, der ihm den Weg weist.

Siddhartha träumt von dem kleinen seltenen Singvogel, den Kamala in einem goldenen Käfig hält. Doch der Vogel ist im Traum verstummt. Als der Träumer in den Käfig blickt, liegt der kleine Sänger leichenstarr am Boden. Der Träumer ergreift den Vogel und wirft ihn aus dem Fenster auf die Gasse hinaus. Sein Herz krampft sich dabei mit wehem Schmerz zusammen, *so, als habe er mit diesem toten Vogel allen Wert und alles Gute von sich geworfen.*

Genauso ist es. Tiere symbolisieren in den Träumen oftmals unsere *figura* (C. G. Jung), unser authentisches, wahres Ich hinter der gesellschaftlichen Maske, der *persona*. Der kostbare Vogel, also seine Seele, ist gestorben. Er lebt nur noch äußerlich, wie eine Marionette an den Fäden des Kommerzes seiner Marketing-Persönlichkeit.

Siddhartha fühlt den Tod im Herzen, das Grauen in der Brust. Was ist aus seiner Berufung geworden? Hat er nicht das Streben zur Vollendung verraten? Spielt er nicht eine Komödie? Der reiche Kaufmann und ehemalige Samana zieht Bilanz: *Da wusste Siddhartha, dass das Spiel zu Ende war, dass er nicht mehr spielen könne. Ein Schauder lief ihm über den Leib, in seinem Innern, so fühlte er, war etwas gestorben.*

Siddhartha verlässt noch in der gleichen Nacht die Stadt, um niemals wieder zurückzukehren. Kamaswami lässt ihn suchen. Er wähnt ihn von Räubern entführt. Kamala denkt nicht an Suche. Sie hat es lange geahnt. Sie spürt, Siddhartha ist nicht bei sich angekommen. Er ist ein Heimatloser, ein Pilger geblieben. Noch fühlt sie ihn von der letzten Liebesnacht innig in sich. Sie ist traurig. Auch sie besitzt einen kostbaren Singvogel. Sie lässt den Vogel fliegen und blickt ihm lange nach. Ihre Seele hat sich von der irdischen Liebe verabschiedet, sagt dieser symbolische Akt. Sie lässt Siddhartha frei für seinen Weg. Von diesem Tag an beendet Kamala das Geschäft mit der Liebe. Sie hält ihr Haus verschlossen. Sie hört von Buddha, dem Erhabenen, und will ihm folgen. Wenige Wochen später spürt Kamala, dass sie guter Hoffnung ist – von Siddhartha.

Wieder wandert Siddhartha im Wald: *Voll war er von Überdruss, voll von Elend, voll von Tod, nichts mehr gab es in der Welt, das ihn locken, das ihn freuen, das ihn trösten konnte.* Wenn ihn doch ein Blitz erschlüge, ein Tier fräße, ein Gift den Tod brächte! Er möchte seinem vermeintlich sinnlosen Leben ein Ende setzen. Siddhartha steht – und diese Versuchung war auch seinem Autor nicht fremd – vor dem Suizid. Wir gedankenlosen Menschen bezeichnen ihn abschätzig als Selbst*mord*, also als eine niederträchtige, heimtückische Handlung: Hesse denkt nicht daran, ihn zu verurteilen. Hesse hat, anders als die Amtskirche mit ihrer Verdammung des *Selbstmörders* und ihrer früheren Weigerung, ihn auf dem „Gottesacker" zu bestatten, wiederholt Respekt vor dem Mut und der individuellen Todesentscheidung des Suizidanten geäußert.

Aber Hesse zeigt noch mehr, wenn er seinen Helden nicht schont, sondern ihn in die Fluchtbewegungen der Sucht geraten lässt. Das ist ein eminent moderner Zug an dieser erzählerischen Parabel. Da ist, psychologisch gesprochen, die Betäubung durch die Konsumsucht, in die unser Held flüchtet. Allein in Deutschland schätzt man die Zahl der Kaufsüchtigen auf mindestens fünfhunderttausend Menschen: einige Millionen bewegen sich in der Grauzone dieses Kaufrausches, meist mit dem Plastikgeld der Kreditkarte. Wo das Leben selbst nicht reich ist, versuchen wir es durch die Surrogate der Konsumartikel reich zu machen. Wir Männer greifen vor allem zu technischen Artikeln wie Computern, CDs, Sportgeräten und Autozubehör, Frauen zu Kosmetika und Klamotten. Der Kaufrausch ist eher eine *Sucht der Braven*. Deshalb bevorzugen vor allem Frauen dieses trügerische Nirwana und vorübergehende Vergessen des Seelenelends.

Siddhartha trinkt. Das kennen vor allem wir Männer. Der Alkohol ist ein Weichzeichner, ein süßer Lethetrank des Vergessens, ein Stimulanz falscher Grandiosität und ein Enthemmer für den emotional verklemmten Mann. C. G. Jung sprach vom *spiritus contra spiritum*, vom Griff zum hochprozentigen „Geistigen Getränk“ statt zum Geistigen. Der Alkoholkranke befindet sich längst in einer inneren

Situation des Zusammenbruchs, aber er verdrängt und verlängert sein Elend – mit der Droge.

Nicht viel anders verhält es sich mit der Spielsucht. Man besichtige einmal eine der trostlosen *Spielhallen* mit ihren *Daddel-Automaten*, wie sie im Jargon der spielsüchtigen Junkies heißen: Man sieht auf den ersten Blick, welche Seelennot hier an die nikotingeräucherten Decken schlägt!

Hier wäre die gesamte Palette der Süchte von der millionenhaft verbreiteten Esssucht bis zur Tablettenabhängigkeit, von der Nikotinsucht bis zur allgegenwärtig verbreiteten Fernsehsucht, dem Ehekiller Nummer 1, zu nennen, und käme doch immer nur wieder auf einen einzigen Befund: Hinter jeder Sucht steckt eine Sehnsucht: die Sehnsucht nach Liebe und einem erfüllten Dasein.

Bekennen wir uns, so gibt uns Hesse zu verstehen, zu unserer Angst und den schweren Krisenstunden des Lebens: Diese Krisen sind nicht einfach Pannen. Sie passen, gleichsam maßgeschneidert, zu mir. Sie bergen in sich die Chancen der Entwicklung. Ich habe genau die Krise, die ich für meine Entwicklung brauche.

Wer sich nicht fürchten kann und Angst verdrängt, der ist gefährdet. Ausgestreckt am Ufer des gleichmütig vorbeirauschenden Flusses, sehnt Siddhartha sich nur nach Auflösung und Tod. Es geht ihm vielleicht so wie Hermann Hesse, als er in einer dunklen Stunde sein düsteres Gedicht *Im Nebel* dem Papier anvertraute:

Seltsam, im Nebel zu wandern!
Leben ist Einsamkeit.
Kein Mensch kennt den andern,
Jeder ist allein.

Spiritualität

Diejenigen Bedürfnisse, die der Mensch mit dem Tier gemeinsam hat – Hunger, Durst und das Bedürfnis nach Schlaf und sexueller Befriedigung –, sind deshalb wichtig, weil sie im chemischen Haushalt seines Körpers wurzeln und übermächtig werden können, wenn sie unbefriedigt bleiben. Aber selbst die volle Befriedigung seiner Bedürfnisse gewährleistet noch nicht die geistige und seelische Gesundheit.

Erich Fromm
Wege aus einer kranken Gesellschaft

Siddharthas Zusammenbruch ist auch ein spiritueller. Der Mensch lebt nicht vom Brot allein, heißt es im Neuen Testament. In meiner Praxis erlebe ich immer wieder, dass vor allem die Männer, tüchtig wie sie sind, dem Beruf und Stress erliegen. An den Abenden füllen sie sich mit Fernsehen, Computer-

DAS LEBEN HAT NUR GANZ GENAU SO
VIEL SINN, ALS WIR IHM SELBST
ZU GEBEN IM STANDE SIND.

>HERMANN HESSE<

arbeit und mit Alkohol ab. Eines Tages, oft in der berühmten *Midlife-Krise*, werden sie gewahr, dass sie ihr eigentliches Leben nicht gelebt haben, dass ihnen Frau und Kinder fremd sind. Ein Sinn ihrer *Maloche* ist nicht sichtbar. Ihr Körper beginnt, mit Bandscheibenschäden oder Herz-Kreislauf-Defekten zu streiken. Sie fangen an, den Tod zu fürchten.

Der Mensch, ein *animal rationale*, also ein *vernunftbegabtes Tier*, ist die einzige Kreatur, die um ihren Tod weiß. Das ist Tragik und ein Geschenk zugleich. Ein Geschenk, weil es dem Menschen die Chance eröffnet, aus dieser Anekdote des Lebens ein Wunderwerk zu schaffen. Das tragische Wissen um unsere Sterblichkeit wiederum hat der von Hesse so geliebte chinesische Denker Konfuzius (551–478 v. Chr.) in seinem Gedicht *Das Los des Menschen* mit poetischem Realismus ernüchternd beschrieben:

Der Mensch lebt einmal, – nimmer kehrt er wieder;
Sein Dasein ist ein Lufthauch, der zerfließt;
Die Summe seines Lebens ist ein armer,
Verfallener Hügel, darauf Unkraut sprießt.

Wir haben Siddhartha am großen Fluss in der tiefsten Stunde seines Lebens verlassen: *Mit verzerrtem Gesichte starrte er in das Wasser, sah sein Gesicht gespiegelt und spie danach. In tiefer Müdigkeit löste er den Arm vom Baumstamme und drehte sich ein wenig, um sich senkrecht hinabfallen zu lassen, um endlich unterzugehen. Er sank, mit geschlossenen Augen, dem Tod entgegen.*

Da erlebt Siddhartha, wie einen Blitz, ein Erweckungserlebnis. Tief aus dem Unbewussten zuckt das heilige *Om*, das Schlusswort aller brahmanischen Gebete in ihm auf. Es ist das Lautsymbol für die höchste Gottheit in den heiligen Texten der Hindus und Buddhisten. Es bedeutet *das Vollkommene, die Vollendung*. Beschwörender Tonfall und rhythmische Wiederholung führt in die mystische Versenkung der Vergegenwärtigung des Absoluten. Der Begriff Mystik stammt vom altgriechischen *myesthai*, das heißt *die Augen schließen*. Das bedeutet, in die Innenschau zu gehen. Das versucht, die ewige Dauer, Wandelbarkeit und Unzerstörbarkeit des Lebens zu erspüren. Indem Siddhartha das köstliche *Om* ausspricht, fühlt er das Göttliche wieder, das er verdrängt hat. Er sinkt, am Ufer des großen Flusses, in tiefen Schlaf.

Siddharthas süßer, langer Schlaf erweist sich als eine Art Heilschlaf, wie er etwa bei den Griechen von den Schülern des Äskulaps in den heiligen Tempelbezirken praktiziert wurde. Hesse selbst hat diesen *Heilschlaf* nach dem Zusammenbruch seiner Familie und seiner tiefen seelischen Verstörung durch den Ersten Weltkrieg in der Form der psychoanalytischen Seelenversenkung, dem Blick ins Unbewusste, praktiziert. Er öffnete sich neuen inneren Erfahrungen. Er häutete sich von seinem alten Ich zu seinem neuen Selbst. Eben das widerfährt nun auch Siddhartha.

Als Siddhartha aufwacht, erscheint ihm sein einstiges Leben *wie eine frühe Vorgeburt seines jetzigen Ich: Vielleicht war er wirklich gestorben, war untergegangen und in einer neuen Gestalt wiedergeboren?* Das ist es eigentlich, was Hesse meint, wenn er in seinem Werk immer wieder von *Reinkarnation* spricht. Sie bedeutet für ihn vor allem das Wiedergeborenwerden unseres Ichs, in dem sich alte, vertraute Züge mit neuen Mutationen des Charakters und der Seele mischen. Nur wer sich verändert, bleibt sich treu. Leben ist Verwandlung. In uns wirkt eine konstruktive Polarität, ein konservatives und ein revolutionäres Prinzip zugleich.

Ob es auch nach dem Tod für den Menschen eine Metamorphose in einen neuen Zustand gibt, das lässt Hesse, der zugleich ein Transzendenzsucher *und* ein Skeptiker ist, bekanntlich offen. In seinem programmatischen philosophischen Gedicht *Stufen* beendet er den ewigen Entwicklungsgang des schöpferischen Menschen mit den vorsichtigen Worten: *Es wird v i e l l e i c h t auch noch die Todesstunde/ uns neuen Räumen jung entgegensenden* ... (Hervorhebung M. J.). Dieses einschränkende *vielleicht* überlesen wir leicht.

Für den in religiösen Zusammenhängen aufgewachsenen Hesse hat der indische Gedanke, wie er in einem Brief offenbart, *die stärkste Attraktion gehabt: der Gedanke der Einheit alles Seienden, verknüpft mit dem der „Seelenwanderung“, die für mich kein Glaube, aber ein überaus fruchtbares, heiliges Bild ist.* In einem weiteren Brief verstärkt er sein symbolisches Verständnis der Wiedergeburt mit den Worten: *Ich glaube zwar nicht materiell und wörtlich an die indische Lehre (= Reinkarnation), verehre sie aber als eine der Möglichkeiten, dem Sein einen Sinn zu geben.*

Aufgewacht sieht Siddhartha einen Mönch im gelben Gewand mit rasiertem Kopf an seiner Seite sitzen. Dieser hat seinen Schlaf bewacht. Es ist Govinda, der Freund seiner Jugend: *Govinda war gealtert, auch er, aber noch immer trug sein Gesicht die alten Züge, es sprach von Eifer, von Treue, von Suchen und Ängstlichkeit.* Govinda erkennt den größten Freund seines Lebens nicht mehr. Hier wiederholt sich das, was Siddhartha selbst bei seiner ersten Begegnung mit dem Fährmann Vasudeva widerfuhr. Er vermochte die Geistigkeit und damit die Bedeutung dieses Mannes für sein Leben nicht zu erkennen. Govinda vermag, tiefenpsychologisch gesprochen, noch nicht mit der neuen, gereiften Persönlichkeit Siddharthas in geistigen Austausch zu treten. Er ist nicht auf der Höhe seines Bewusstseinsstandes.

Siddhartha und Govinda begegnen sich beide als Pilger. Govinda fühlt sich jedoch seinem Freund überlegen, denn die Pilgerschaft eines buddhistischen Mönches ist sozusagen gottgewollt und macht Sinn. *Immer sind wir Mönche unterwegs*, sagt Govinda stolz, *solange nicht Regenzeit ist, immer ziehen wir von Ort zu Ort, leben nach der Regel, verkündigen die Lehre, nehmen Almosen, ziehen weiter.* Aber dieser Siddhartha, so fragt sich Govinda, trägt er nicht die Kleider eines Reichen, steht er nicht außerhalb jeder Gemeinschaft und kennt seinen Weg nicht? Ist er ein Verlorener? Wer ist dieser Siddhartha überhaupt? Hat er seinen Reichtum verloren? Siddhartha antwortet: *Ich habe ihn verloren oder er mich. Er ist mir abhanden gekommen. Schnell dreht sich das Rad der Gestaltungen, Govinda. Wo ist der Brahmane Siddhartha? Wo ist der Samane Siddhartha? Wo ist der reiche Siddhartha? Schnell wechselt das Vergängliche, Govinda. Du weißt es.* Govinda blickt Siddhartha lange an, *Zweifel im Auge*.

Bei Hugo von Hoffmansthal (*Gesammelte Werke, Band 10*) heißt es einmal: *Dem Menschen wird in der Welt nur das gewahr, was schon in ihm liegt; aber er braucht die Welt, um gewahr zu werden, was in ihm liegt; dazu aber sind Tätigkeit und Leiden nötig.* So ist es. So begreift es nun auch Siddhartha. Er musste als Knabe den Göttern opfern, als Sohn aus dem Elternhaus flüchten, als Jüngling sich der Askese und Versenkung widmen, Hitze und Frost im Wald aushalten, dem Buddha begegnen, den Buddha verlassen, die Liebeslust bei Kamala lernen, den Handel bei Kamaswami, den Wohlstand erringen, den Denker in sich verlieren und, wie der Vogel in seinem Traum, in seiner alten Erscheinungsweise sterben. Das war sein Leben.

So besitzt auch jeder von uns sein Leben, das er, wenn es nun einmal gelebt ist, grundsätzlich bejahen und in den Facettenreichtum seiner Persönlichkeit integrieren muss. Sonst droht Verzweiflung und Zynismus. Auch das, was ich falsch gemacht habe, und das, was ich nicht erreicht habe, gehört zu meinem Leben. Bin ich kinderlos geblieben, habe ich vielleicht meine Väterlichkeit oder Mütterlichkeit an junge Menschen oder an ein geistiges Werk, an meine Fürsorge für die Welt oder mein politisches Engagement verschwendet. War mir der große berufliche Durchbruch versagt, so habe ich möglicherweise meine schöpferische Kraft und Liebe der Familie oder der musischen Entfaltung meiner Persönlichkeit gewidmet. Habe ich mich menschlich oder beruflich verzettelt, bin ich falsche Bindungen eingegangen, so habe ich doch die Chance realisiert, aus den Irrungen und Wirrungen meines Lebens zu lernen und eine reife Persönlichkeit zu werden.

Für nichts bin ich dankbarer, sagte einmal ein erfolgreicher Architekt bei der Anamnese seines hürdenreichen Lebenslaufes zu mir, *als für meine Dummheiten.*

So sieht es auch Siddhartha: *Aber welch ein Weg war das! Ich habe durch so viel Dummheit, durch so viel Laster, durch so viel Ekel und Enttäuschung und Jammer hindurchgehen müssen, bloß um wieder ein Kind zu werden und neu anfangen zu können. Aber es war richtig so. Mein Herz sagt Ja dazu, meine Augen lachen dazu. Ich habe Verzweiflung erleben müssen, ich habe hinabsinken müssen bis zum Törichtsten aller Gedanken, zum*

Gedanken des Selbstmordes, um Gnade erleben zu können, um wieder Om zu vernehmen, um wieder richtig zu schlafen und richtig erwachen zu können, aber ein Tor werden müssen, um Atman wieder in mir zu finden. Ich habe sündigen müssen, um wieder leben zu können. Wohin noch mag mein Weg mich führen? Närrisch ist er, dieser Weg, er geht in Schleifen, er geht vielleicht im Kreise. Mag er gehen, wie er will, ich will ihn gehen. Und: *Es ist gut, alles selber zu kosten, was man zu wissen nötig hat.*

Siddhartha spürt den Vogel, seine jubelnde Seele, wieder neu erwacht in seiner Brust singen. Sein altes Ich, sein ängstliches und stolzes Ego, das ihn so viel Kämpfe gekostet hat, ist gestorben. Diese Irrwege waren notwendig. Aus dem Leidensdruck ist ein neuer Siddhartha entstanden; auch dieser ist eine vergängliche Gestaltung.

Der neue Siddhartha begibt sich zum Fluss. Er spürt eine tiefe Liebe zu diesem strömenden Wasser. Ob es das Wasser des Lebens ist? Siddhartha wird es nie wieder verlassen. Noch hat er die Wahrheit nicht gefunden, aber er ahnt, dass das Geheimnis des großen Flusses ihm das Rätsel des Lebens offenbaren könnte.

Siddhartha begegnet zum zweiten Mal Vasudeva. Diesmal wird der alte Fährmann ihm zum Schicksal. Es ist wohl die innere Stimme, die Ahnung des Unbewussten, die wir manchmal in der schicksalhaften Begegnung mit einem Menschen spüren. Siddhartha verdingt sich als Gehilfe des Fährmanns. Er teilt von nun an das kärgliche, aber erfüllte Dasein des milden alten *Bananenessers*, wie Hesse scherzhaft formuliert. Die Hütte des Fährmanns bietet beiden Platz.

Vasudeva ist, in der Sprache der Psychologie, ein therapeutisches Gegenüber für Siddhartha. Denn er vermag, wie ein guter Therapeut, bis zur Versenkung zuzuhören. Er urteilt und richtet nicht. Er ist von gleich schwebender Sympathie und Zugewandtheit. Er ist der verständnisvolle Vater, den der Jüngling Siddhartha dringlich gebraucht hätte. Vasudeva ist zugleich als *Archetyp des Weisen* der Repräsentant eines vollendeten Lebens und der Alleinheit des Seienden.

Gelernt hat Vasudeva sein Wissen um den nie abreißenden Wandel aller Gestaltungen des Menschlichen vom Fluss. Denn der Fluss selbst ist ein Sinnbild des Lebensstromes. In ihm ist nichts von Bestand. Alles treibt dem Wechsel zu. Ewige Verwandlung herrscht.

Hesse greift hier auf einen griechischen Gedanken zurück. Der vorsokratische Philosoph Heraklit (540–480 v. Chr.) war es, der vom Fluss aller Dinge sprach. *Panta rhei*, *alles fließt*, befand der Mann aus Ephesus. Und: *Man steigt nicht zweimal in den gleichen Fluss*. Leben ist Dialektik. Leben ist Bewegung.

Hesse sieht es so: *Zum Ziele strebte der Fluss, Siddhartha sah ihn eilen, den Fluss, der aus ihm und den Seinen und aus allen Menschen bestand, die er je gesehen hatte, alle die Wellen und Wasser eilten, leidend, Zielen zu, vielen Zielen, dem Wasserfall, dem See, der Stromschnelle, dem Meere, und alle Ziele wurden erreicht, und jedem folgte ein Neues, und aus dem Wasser ward Dampf und stieg in den Himmel, ward Regen und stürzte aus dem Himmel herab, ward Quelle, ward Bach, ward Fluss, strebte aufs Neue und floss aufs Neue.*

Es ist eine irdische Kosmologie, eine diesseitige Schöpfungslehre vom ewigen Kreislauf der Welt, die Hesse hier vor unseren Augen glanzvoll ausbreitet. Siddhartha vernimmt die unzähligen Stimmen im Fluss: *Schon konnte er die vielen Stimmen nicht mehr unterscheiden, nicht frohe von weinenden, nicht kindliche und männliche, sie gehörten alle zusammen, Klage der Sehnsucht und Lachen des Wissenden, Schreie des Zorns und Stöhnen des Sterbenden, alles war eins, alles war ineinander verwoben und verknüpft, tausendfach verschlungen. Und alles zusammen, alle Stimmen, alle Ziele, alles Sehnen, alle Leiden, alle Lust, alles Gute und Böse, alles zusammen war die Welt. Alles zusammen war der Fluss des Geschehens, war die Musik des Lebens.*

Siddhartha findet eine Spiritualität, die an keinen persönlichen Erlösergott gebunden ist. Es ist eine Sicht auf das Umgreifende. Das individuelle Ich wird vom Fluss des Lebens getragen wie ein Floß. Was uns *umgreifend* trägt, das können wir nur ahnen, nicht wissenschaftlich begreifen. Wir spüren das Umgreifende, das Transzendente, ohne es genauer erkunden und je bestimmen zu können.

Karl Jaspers nennt dies eine *Grenzerfahrung*. Er sagt, in *Philosophie III*: *... unmöglich ist uns eine f o r s c h e n d e Untersuchung des Seins der Transzendenz*. Die Transzendenz erweise sich als selbst unzugänglich und als *fremde Macht* in dieser Welt. Sie deute sich lediglich in *Chiffren*, also in Geheimzeichen, an: *Was die Transzendenz sei, abgesondert vom Menschen, für den sie ist, das ist gar nicht zu fragen*.

Im Geiste einer existenzphilosophischen „Religiosität" formuliert Karl Jaspers in äußerster Verknappung und inhaltlicher Zurücknahme, gegen die Selbstgewissheit jeglichen Offenbarungsglaubens gerichtet: *Gott will als Transzendenz, dass ich selbst sei. Damit der Mensch die Gottheit nicht antaste und, was er soll, selbst sein könne, muss er die Transzendenz rein erhalten in ihrer Verborgenheit, Ferne und Fremdheit. Ruhe beim Sein ... ist ihm Ziel ... nicht Ausruhen bei einem neben die Welt getretenen Sein von Illusionen*.

Der Fluss in unserer Erzählung ist ein Symbol für die Zeitlosigkeit. Er symbolisiert die Vergangenheit, die Gegenwart und die Zukunft unseres Lebens. Als Strom des Unbewussten im Jungschen Sinne enthält er eine Kraft, die zu wecken und bewusst zu machen wäre. So wie die weibliche Brust in Siddharthas erstem Traum auf die Milch des mütterlich Erdhaften verweist, *die Lebensnahrung*, die unerlässlich ist, so deutet das Strömen des Flusses auf die Totalität aller Erscheinungen, den Kreislauf der Verwandlungen und die Relativität aller Wahrheiten hin. Der Fluss ist zugleich das Symbol der polaren Einheit aller Gegensätze. Er ist majestätische Ruhe und dramatische Bewegtheit, Beständigkeit und Unbeständigkeit, Unruhe und Harmonie. Er ist das Leben. Könnte nicht die dynamische Harmonie des Flusses ein archetypisches Bild unserer seelischen Fließgleichgewichtes sein?

In der Begegnung Siddharthas mit einer undogmatischen, nicht lehrbaren, sondern selbst erlebten, diesseitigen Spiritualität und Transzendenz eröffnet Hermann Hesse uns Lesern eine Tür zu einem tieferen Seinsverständnis. Es ist eine geistige Pforte, die spätestens seit dem 19. Jahrhundert verschlossen war. Was hat uns die neuzeitliche „Aufräumarbeit" der

Philosophen und der Theologen der historischen Bibelkritik noch als Spiritualität zurückgelassen? Was könnte nach Immanuel Kants *Religion innerhalb der Grenzen der bloßen Vernunft*, Ludwig Feuerbachs *Wesen des Christentums*, David Friedrich Strauß' *Leben Jesu*, nach Karl Marx' und Friedrich Engels' Deutung der Religion als *Schrei der bedrängten Kreatur*, nach Friedrich Nietzsches gellendem Diktum *Gott ist tot*, nach Sigmund Freuds Religionsdiagnose *Die Zukunft einer Illusion* und nach Bultmanns Programm der *Entmythologisierung des Offenbarungsglaubens* noch an *Heiligkeit* des Lebens übrig bleiben? Stehen wir vor der Ethik einer postmodernen Beliebigkeit?

Für religiöse Menschen mag sich dieses Problem nicht stellen. Aber hat nicht auch der Skeptiker ein Bedürfnis nach Spiritualität und metaphysischem Mehrwert?

Die Philosophin und Psychologin Carola Meier-Seethaler hat sich diesem Problem gestellt. In ihrem scharfsinnigen Grundsatzwerk *Jenseits von Gott und Göttin. Plädoyer für eine spirituelle Ethik* zeigt sie, dass der Glaube an den alten Sonntagsgott – oder die feministische Göttin – uns ebenso wenig befähigt, die kalte Moderne der Globalisierung und permanenten Kriegsgefahr zu bewältigen als unser Rückzug in eine hektische Geschäftigkeit. Müssten wir nicht das jahrtausendealte mystische Erlebnis der Allverbundenheit, wie sie uns bei Lao-Tse und Konfuzius entgegenschwingt und im *Siddhartha* gegenwärtig ist, ernst nehmen? Sollten wir nicht auf eine zeitgemäße Weise das bloße Dasein eines *nichts ist verbindlich* „transzendieren"? Könnte es so etwas wie eine nicht-religiöse Spiritualität geben?

Carola Meier-Seethaler beschwört in diesem Zusammenhang das *Heilige*. Es offenbart sich für den Gläubigen in der sakralen Stille eines Kirchenraumes und in der Versenkung in das numinose Göttliche. Aber könnte das Heilige nicht auch in unserer Verbundenheit mit der Kreatur und der schützenswerten Natur liegen? Verstößt nicht der Handel mit Embryozellen und die Gentechnologie gegen die Heiligkeit des Lebens? Ist nicht unser schöner blauer Planet in seiner Verletzlichkeit und der unendlichen Vielfalt seiner Flora und Fauna ein *sanctum, ein Heiliges*, schlechthin?

Eine *immanente Spiritualität* verlangt von uns radikales Umdenken und Aushalten der Enttäuschung und Desillusionierung. Carola Meier-Seethaler: *Die Zurücknahme der Projektionen aus der übermenschlich-überweltlichen Transzendenz in eine innerweltliche ist allerdings mit tiefen Enttäuschungen verbunden. Es fällt schwer, den Gedanken eines umfassenden Sinnstifters aufzugeben, in dessen Händen auch das eigene, bruchstückhafte Leben Sinn erhält.*

Umberto Eco, der italienische Bestsellerautor und Historiker, hat in einem aufsehenerregenden Dialog mit dem italienischen Kardinal Carlo Martini (*Woran glaubt, wer nicht glaubt?*) für ein solches Sich-Bescheiden mit dem Heiligen plädiert. Der Atheist bekennt sich hier zu einer *weltlichen Religiosität*. Eco: *Ich bin fest überzeugt, dass es Formen von Religiosität gibt, also den Sinn für das Heilige, für die Grenze, für die Infragestellung und Erwartung, für die Kommunion mit etwas, das uns übertrifft, auch wenn wir nicht an einen personalen und vorsorgenden*

Gott glauben. Daraus könnte ein Sinn für das Unbedingte im praktisch-moralischen Handeln erwachsen.

Stimmt denn das Wort des Kirchenlehrers Augustinus (354–430 n. Chr.) *extra ecclesiam nulla salus – außerhalb der Kirche gibt es kein Heil?* Carola Meier-Seethaler definiert demgegenüber die spirituelle Gemeinschaft der modernen „Heiligen" jenseits der Kirchendoktrin. Eine Minimaldefinition einer solchen Gemeinschaft könnte nach ihr lauten: *Sie setzt sich aus allen Menschen zusammen, denen etwas heilig ist, und die willens sind, dafür einzutreten.*

Hesse würde Carola Meier-Seethaler zustimmen, wenn sie in Erinnerung bringt: *Weder Jesus von Nazareth noch Gautama hatten für ihre Person göttliche Wesensmerkmale beansprucht, doch wurden beide in Theologie und Kult vergöttlicht: Jesus Christus zum Erlöser und zum Logos als dem ewigen Wort Gottes; Gautama zum Buddha, dem Erleuchteten, zu dem die Gläubigen – zumindest im so genannten Mahayana-Buddhismus – wie zu einer Gottheit Zuflucht nehmen.*

Im Zen-Buddhismus wird dagegen kein Mensch als Gott verehrt. Es gibt hier sogar die paradoxe Aufforderung: *Tötet Buddha*. Keiner, auch der Erhabene nicht, soll Macht haben. Der Buddhist macht sich vielmehr offen für den allgegenwärtigen *Glanz der Immanenz*.

Entgegen den Voraussagen der europäischen Aufklärung hat sich das Bedürfnis nach Spiritualität und Transzendenz nicht verflüchtigt und in ein wissenschaftlich-positivistisches Denken aufgelöst. Wer denken kann, wird immer nach dem Sinn des Lebens, nach der Aufgabe und dem Ziel der menschlichen Existenz und ihrer Stellung im Lebenszusammenhang fragen.

Unsere *Markt-Religion*, der bloße Glaube an Fortschritt, Profit und das private Aktendepot kann den Hunger nach einer sinnhaften Lebensbegründung nicht befriedigen. Nach Meier-Seethaler muss daher die Gretchenfrage nicht mehr lauten, „*Glaubst du an Gott?*“, *sondern* „*Glaubst du an die Menschlichkeit?*“, *das heißt an das menschliche Vermögen des Mitgefühls und an die Verantwortung für die Beseitigung selbst verschuldeter Leiden?* Und: *Angesichts der*

Tatsache, dass im globalen Maßstab ökologische Zusammenbrüche und für Millionen von Menschen ein menschenwürdiges Leben auf dem Spiel stehen, können wir es uns einfach nicht mehr leisten, Glaubenskämpfe um einen korrekten Gottesbegriff zu führen.

Hesse formuliert diese „säkulare Spiritualität" in einem Brief von 1960 liebevoll: *Ich vermeide es, Angehörige einer Kirche und der Religionsgemeinschaften in ihrem Glauben irre zu machen. Für die Mehrzahl der Menschen ist es sehr gut, einer Kirche und einem Glauben anzugehören. Wer sich davon löst, der geht zunächst einer Einsamkeit entgegen, aus der sich mancher bald wieder in die frühere Gemeinschaft zurücksehnt. Er wird erst am Ende seines Weges entdecken, dass er in eine neue große, aber unsichtbare Gemeinschaft eingetreten ist, die alle Völker und Religionen umfasst. Ärmer um alles Dogmatische und alles Nationale wird er reicher durch die Brüderschaft mit allen Geistern und aller Nationen und Sprachen.*

Diese *anonyme Brüderschaft* sieht Hesse in einem Brief an einen jungen Mann in Deutschland 1932 so begründet: *Das, was Jesus das Reich*

Gottes, was die Chinesen Tao nennen, ist nicht ein Vaterland, dem auf Kosten anderer Vaterländer gedient werden soll: es ist die Ahnung vom Ganzen der Welt, samt allen ihren Widersprüchen, ist die Ahnung von der geheimen Einheit allen Lebens. Diese Ahnung oder Idee wird in vielen Bildern ausgedrückt und verehrt. Sie hat viele Namen, einer von ihnen ist der Name: Gott.

Einheit ist für Hesse die Vorstellung, dass das Ganze der Welt eine höhere Einheit ist, göttlich im Sinne von kostbar. Dass das Leben ständig fluktuiert zwischen den Polen von Schön und Hässlich, Gut und Böse, Sünde und Heiligkeit, Hell und Dunkel. Sie alle sind immer nur vorübergehende Gegensätze. Sie gehen wie Melodie und Gegenmelodie ständig ineinander über.

Hesse schätzte die Lehre des Konfuzius, das Orakel- und Weisheitsbuch *I Ging* und das Buch vom Gesetz der Wandlungen sowie den chinesischen Zen-Buddhismus. In Siddharthas Spiritualisierung verknüpft Hesse die indische Weltsicht und die chinesische Lebenshaltung. Jetzt kann es heißen: *In dieser Stunde hörte Sid-*

dhartha auf, mit dem Schicksal zu kämpfen, hörte auf zu leiden. Auf seinem Gesicht blühte die Heiterkeit des Wissens, dem kein Wille mehr entgegensteht, das die Vollendung kennt, das einverstanden ist mit dem Fluss des Geschehens, mit dem Strom des Lebens, voll Mitleid, voll Mitlust, den Strömen hingegeben, der Einheit zugehörig.

Leben als Überlebenskunst – das erfährt Siddhartha. Schreiben als Überlebenskunst – praktiziert Hermann Hesse. Nachdenken als Überlebenskunst – das ist unsere Sache als Leser. Siddhartha-Hesse lehrt uns die Begegnung mit der Welt aus dem Geiste der Einheit und der Liebe. In seinem Gedicht *Spruch* beschreibt Hesse das Magische dieser irdischen Spiritualität so:

> *So musst du allen Dingen*
> *Bruder und Schwester sein,*
> *Dass sie dich ganz durchdringen,*
> *Dass du nicht scheidest Mein und Dein.*
>
> *Kein Stern, kein Laub soll fallen –*
> *Du musst mit ihm vergehn!*
> *So wirst du auch mit allen*
> *Allstündlich auferstehn.*

Prüfung

Solange ich nicht weiß, was eine Pflanze, ein Tier, ein Kind, ein Mann, eine Frau brauchen, und solange ich nicht von meiner Vorstellung, was für den anderen das Beste ist, und von meinem Wunsch, ihn zu kontrollieren, ablassen kann, ist meine Liebe destruktiv – ein Kuss des Todes.

Erich Fromm
Die Faszination der Welt und die Liebe zum Leben

In einer säkular gewordenen Welt hat sich, so sahen wir, die Frage nach dem spirituellen Sinn des Lebens nicht einfach von selbst erledigt. Erich Fromm charakterisiert die Durchschnittsreligiosität des heutigen Menschen mit seiner Macher-Ideologie in *Wege aus einer kranken Gesellschaft* so: *Man hat Gott in einen unerreichbaren Generaldirektor der Universum GmbH verwandelt; man weiß, dass Er da ist, dass Er den Laden schmeißt (wenn dieser vermutlich auch ohne Ihn laufen würde), man bekommt*

IHN ABER SOLLTEST DU LAUFEN LASSEN.
ER SORGT FÜR SICH, ER GEHT SEINE BAHN.

>SIDDHARTHA<

Ihn nie zu sehen, doch erkennt man Ihn als Chef an, während man selbst seine Arbeit tut.

Der vulgärmaterialistische Atheismus des neunzehnten und zwanzigsten Jahrhunderts leidet daran, dass er Gott „gekündigt" hat, aber keine Antwort auf die spirituelle Problematik des Menschen weiß. In dieses geistige Vakuum sind Faschismus und Stalinismus geflossen. Auch die moderne New Age-Esoterik mit ihren Gurus, Räucherstäbchen und Souvenirs aus dem florierenden Weltanschauungstourismus zehrt davon. Jede Gesellschaft hat sozusagen die Religion und den Spiritualismus, den sie verdient.

Aber verlieren wir Siddhartha nicht aus den Augen. Eigentlich, so denken wir, könnte die Erzählung an diesem Punkt zu Ende sein *Alles Vergängliche ist nur ein Gleichnis*, konstatiert Goethe. Hat nicht Siddhartha im Gleichnis des vergänglich-ewigen Flusses den Schleier der Maja gelüftet und ist glücklich? Hesse wäre nicht einer der größten Erzähler des vergangenen Jahrhunderts, wenn er es dem Leser und sich selbst so einfach machte. Er baut, dramaturgisch gesprochen, ein retardierendes Moment, gleichsam einen Rückstau, in die Parabel ein. Denn Helden müssen immer wieder neu lernen. Sie müssen unzählige Prüfungen bestehen, beim einen oder anderen Examen erst einmal versagen, um, man verzeihe mir den Ausdruck, wie ein gründlich abgehangener Schinken von der Beize des Lebensfeuers bis in den Kern ihres Fleisches geräuchert zu werden.

Wie gut könnte es Siddhartha, der älter geworden ist und dessen Haare sich grau zu färben beginnen, doch meditierend und Fährdienste leistend am Ufer des großen Flusses haben! Aber das Leben schätzt die Ruhe nicht. Es findet uns in unserem behaglichen Winkel und scheucht uns, zu unserem Wohle, zu unserer Erneuerung heraus.

Eines Tages ist es so weit. Die Kunde, dass Buddha stirbt, verbreitet sich. Zu Tausenden pilgern die Menschen aus ganz Indien an die Sterbestätte des Erhabenen. Unter ihnen ist auch Kamala, früher die Schönste aller Liebesdienerinnen. Wir wissen, sie hat sich zurückgezogen. Sie hat ihren Garten im prächtigen Hain, in dem sie erstmals Siddhartha empfing, den Mönchen Buddhas geschenkt. Sie zählt zu seinen Schülerinnen und Mäzeninnen. Jetzt macht auch sie sich auf, dem Erlöschen Buddhas beizuwohnen und ihm ihre Ehrfurcht zu erweisen. Mit sich führt sie ihren kleinen Sohn. Sie hat ihm den Namen seines Vaters, Siddhartha, gegeben.

Siddhartha ist ein schwieriges Kind, voller Trotz und Eigenwillen. Es mag nicht verstehen, was es auf einer Pilgerreise zu einem sterbenden alten Mann soll. Es sehnt sich nach zu Hause und seinen Spielgefährten.

Da passiert das Unglück. Kamala wird während einer Rast von einer kleinen schwarzen Schlange gebissen. Die Schlange kennen wir aus der Mythologie und aus dem Märchen, neben anderen Rollenkonfigurationen, auch als *Botin des Todes*. In Saint Exupérys magischem Märchen *Der kleine Prinz* verspricht die Schlange dem göttlichen Kind in uns die Tröstung des Todes. Am Ende befreit sie es mit einem kurzen Biss vom Planeten Erde zur

Reise zu seinem Heimatstern, dem Asteroiden B 612. (Ich habe das in meinem Buch *Der kleine Prinz in uns* näher gedeutet.)

Sterbend tritt Kamala noch einmal in das Leben ihres geliebten Siddhartha. Mit lallender Zunge, bereits vom Gift gelähmt, spricht sie und erkennt Siddharthas Wandlung: „*Du bist alt geworden, Lieber*", *sagte sie*, „*grau bist du geworden. Aber du gleichst dem jungen Samana, der einst ohne Kleider mit staubigen Füßen zu mir in den Garten kam. Du gleichst ihm viel mehr, als du ihm damals glichest, da du mich und Kamaswami verlassen hast. In den Augen gleichst du ihm, Siddhartha.*"

Die Augen sind, einem alten Volksglauben zufolge, die Pforten zum Wesen des Menschen – zur Spiritualität. Auf einem höheren Punkt der Lebensspirale seiner Entwicklung hat Siddhartha den Wissensdurst und die Tiefe des Jünglings, der er einmal war, wiedergefunden.

Kamala stirbt. Siddhartha und Vasudeva errichten ihr in indischer Tradition den Scheiterhaufen. Jetzt ist Siddhartha mit dem Knaben allein. Er ist elfjährig und ein Mutterkind, im Reichtum aufgewachsen, feine Speisen und ein weiches Bett gewohnt. Er ist arbeitsscheu und respektlos. Er stiehlt Früchte von Vasudevas Bäumen. Er bringt den beiden Alten Leid und Sorge. Und doch liebt Siddhartha diesen Sohn, wie er vielleicht noch nie einen Menschen geliebt hat.

Die Bedingungslosigkeit dieser Liebe ist ein Ausdruck für Siddharthas inzwischen gereifte Liebesfähigkeit. Sie ist unabdingbar für eine gelingende Individuation. Wer nicht lieben kann, der kann auch nicht leben im vollen Sinne dieses Wortes. Gerade das war doch Siddharthas Elend bei den *Kindmenschen*, dass er nicht den Stoffwechsel der Liebe mit ihnen fand, sondern hinter der Glaswand seiner psychischen Verpanzerung verharrte und am Ende bei Spiel und Trunk im Herzen versteinerte. Man kann diese Fähigkeit Siddharthas, sich im fortgeschrittenen Alter in die Liebe zu seinem Kind fallen zu lassen – die englische Sprache spricht so schön von *to fall in love* –, nicht hoch genug schätzen; sie ist ein Zeichen von Siddharthas emotionaler Wiedergeburt.

Aber diese Vater-Sohn-Liebe erweist sich zugleich als die letzte und schwerste Prüfung in Siddharthas Lebensspirale. Denn der Sohn Siddhartha rebelliert gegen die Liebe des Vaters; er empfindet sie als bevormundend und klammernd. Außerdem sehnt er sich nach der Stadt und ihren lebendigen Reizen zurück. Vasudeva versucht, dies seinem Freund beizubringen: *Dein Sohn, Lieber, macht dir Sorge, und auch mir macht er Sorge. An ein anderes Leben, an ein anderes Nest ist der junge Vogel gewöhnt. Nicht wie du ist er dem Reichtum und der Stadt entlaufen, aus Ekel und Überdruss, er hat wider seinen Willen dies alles dahinten lassen müssen. Ich fragte den Fluss, o Freund. Viele Male habe ich ihn gefragt. Der Fluss aber lacht, er lacht mich aus, mich und dich lacht er aus, und schüttelt sich über unsre Torheit. Wasser will zu Wasser, Jugend will zu Jugend, dein Sohn ist nicht an dem Orte, wo er gedeihen kann. Frage auch du den Fluss, höre auch du auf ihn!*

Siddhartha verteidigt sich. Hat er nicht alles für den geliebten Sohn getan? Nie hat er ihn gezwungen. Er hat all seine Arbeiten übernommen und die besten Bissen aus der Reispfanne für ihn gefischt. Er hat mit freundlicher Geduld die Gegenliebe dieses Sorgenkindes zu gewinnen versucht.

Vasudeva, der Weise, empfiehlt Siddhartha, den ungebärdigen, lebhaften Knaben in die Stadt zu den anderen Jungen und Mädchen zu bringen, ihn loszulassen. Doch Siddhartha wehrt sich bis aufs Blut, diese letzte Liebe seines Lebens herzugeben. Er tut gegenüber seinem hartnäckigen Dialogpartner Vasudeva genau das, was wir in der Psychologie die *Rationalisierung* nennen, also die Verbrämung und intellektuelle Rechtfertigung einer Affekt- und Triebhandlung: *Der Intellekt ist ein Knecht des Willens*, sagt Nietzsche. Siddhartha: *Wird er nicht üppig werden, wird er nicht sich an Lust und Macht verlieren, wird er nicht alle Irrtümer seines Vaters wiederholen, wird er nicht vielleicht ganz und gar in Samsara verloren gehen?*

Die väterliche Fürsorge, die Siddhartha in reichem Maße besitzt, ist letztlich jedoch ein Unvermögen, auf den Sohn zu verzichten. Es wiederholt sich genau jenes Drama, das Siddhartha gegenüber dem eigenen Vater, dem hohen Kirchenfunktionär, zu durchleiden und durchzustehen hatte. Der Sohn muss, im Zweifelsfall, den Weg *gegen* den Vater gehen. Ein modernes Sprichwort sagt: *Wir werden alle als Originale geboren und enden als Kopien.* Ein Heranwachsender, der Original bleiben will, muss dieses psychische Menschenrecht auf dem eigenen Lebensweg bis zum letzten Blutstropfen gegen seine Eltern, die alles besser wissen, verteidigen. Sonst ist der Sohn, die Tochter in der Individualität bedroht. Ungehorsam ist, so gesehen, des Jugendlichen erste Pflicht. Hermann Hesse selbst hat, wie wir sahen, den notwendigen Aufstand gegen seinen Vater gewagt.

Bedingungsloser Gehorsam von seiten des jungen Siddhartha bedeutete nicht nur eine bedingungslose Kapitulation und den Verzicht auf Ich-Werdung, sondern zugleich eine regressive, nämlich psychisch infantile Haltung. Gehorsam verlangt immer nach seinem dialektischen Gegenpol, der Mündigkeit. Sonst unterwerfen wir uns bis zur Selbstaufgabe, wie wir es einst der mächtigen und bewunderten Vaterfigur gegenüber als kleine Kinder getan haben. Freud analysierte diesen Mechanismus aus der kindlichen Prähistorie unserer Existenz, der beim Erwachsenen zur autoritären Persönlichkeit und zum Führerkult führen kann, so: *Die meisten Menschen haben das starke Bedürfnis nach einer Autorität, die sie bewundern und der sie sich unterwerfen können, die sie beherrscht und manchmal sogar misshandelt. Von der Psychologie des Individuums haben wir gelernt, woher dieses Verlangen kommt: Es ist die Sehnsucht nach dem Vater.*

Es ist also richtig, dass der junge Siddhartha gegen den alten Siddhartha aufbegehrt, wie es dieser bereits gegen seinen Vater, den Brahmanen, getan hatte. Vasudeva bringt denn auch das Problem, um das es hier geht, mit einfachen Worten gegenüber Siddhartha auf den Begriff: *Glaubst du denn wirklich, dass du deine Torheiten begangen habest, um sie dem Sohn zu ersparen? Und kannst du deinen Sohn vor Samsara schützen? Wie denn? Durch Lehre? Durch Gebet? Durch Ermahnung? Lieber, hast du jene Geschichte denn ganz vergessen, jene lehrreiche Geschichte vom Brahmanensohn Siddhartha, die du mir einst hier an dieser Stelle erzählt hast? Wer hat den Samana Siddhartha vor Samsara bewahrt, vor Sünde, vor Habsucht, vor Torheit? Hat seines Vaters Frömmigkeit, seiner Lehrer Ermahnung, hat sein eigenes Wissen, sein eigenes Suchen ihn bewahren können? Welcher Vater, welcher Lehrer, hat ihn davor schützen können, selbst das Leben zu leben, selbst sich mit dem Leben zu beschmutzen, selbst Schuld auf sich zu laden, selbst den bitteren Trank zu trinken, selber seinen Weg zu finden? Glaubst du denn, Lieber, dieser Weg bleibe irgendjemandem vielleicht erspart? Vielleicht deinem Söhnchen, weil du es liebst, weil du ihm gern Leid und Schmerz und Enttäuschung ersparen möchtest? Aber auch wenn du zehn Mal für ihn stürbest, würdest du ihm nicht den kleinsten Teil seines Schicksals damit abnehmen können.*

Der alte Siddhartha droht an dieser Prüfung der Liebe zu scheitern. Er will und will den Sohn nicht hergeben. Er lässt sich von ihm befehlen und sich von ihm missachten. Er harrt im täglichen Grabenkrieg der Generationen aus. Er strapaziert seine väterliche Geduld ins Unermessliche. Er spürt selbst die Zwiespältigkeit in seinem Herzen: *In der Tat hatte er niemals sich an einen anderen Menschen ganz verlieren und hingeben können, sich selbst vergessen, Torheiten der Liebe eines anderen wegen begehen; nie hatte er das gekonnt, und dies war, wie ihm damals schien, der große Unterschied gewesen, der ihn von den Kindermenschen trennte. Nun aber, seit sein Sohn da war, nun war auch er, Siddhartha, vollends ein Kindermensch geworden, eines Menschen wegen leidend, einen Menschen liebend, an eine Liebe verloren, einer Liebe wegen ein Tor geworden.*

Ein Liebender ist er geworden, aber auch ein Tor. Das spürt Siddhartha. Ein Tor der blinden Liebe. Sie ist eine trübe Quelle und doch zugleich durchaus menschlich: *Dennoch, so fühlte er gleichzeitig, war sie nicht wertlos, war sie notwendig, kam aus seinem eigenen Wesen. Auch diese Lust wollte gebüßt, auch diese Schmerzen wollten gekostet sein, auch diese Torheiten begangen sein.*

Die Destruktivität ist nicht nur, wie wir aus der Aggressionsforschung wissen, eine Folge ungelebten Lebens, sondern auch der unreifen Liebe. Symbiotische Liebe ist eine sich parasitär nährende Liebe am Wirtskörper des obskuren Objekts der Begierde. So vermag eine Schlingpflanze, die sich um einen blühenden Baum windet, diesen wie eine Garrotte zu erdrosseln. Der junge Siddhartha könnte an dieser invasiven und okkupativen Landnahme der Liebe durch seinen Vater verkümmern. Doch er wehrt sich mit jener geballten Kraft, die die Energie des Lebens schlechthin ausmacht: *Ich weiß ja, dass du mich nicht schlägst*, so schreit er den Vater auf dem Höhepunkt der Auseinandersetzungen an, *du wagst es ja nicht; ich weiß ja, dass du mich mit deiner Frömmigkeit und deiner Nachsicht beständig strafen und klein machen willst. Du willst, dass ich werde wie du, auch so fromm, auch so sanft, auch so weise! Ich aber, höre, ich will, dir zuleide, lieber ein Straßenräuber und Mörder werden und zur Hölle fahren, als so werden wie du!*

Am anderen Morgen ist Siddharthas Sohn verschwunden. Er hat sich mit dem Boot der beiden Fährmänner über den großen Fluss abgesetzt, hinüber in sein eigenes, künftiges Leben. Um zu leben, musste er sich freimachen und dem Vater den größten Schmerz seines Lebens zufügen. So hatte auch der alte Siddhartha einst seinen Vater schwer verletzen müssen.

Noch will Siddhartha nicht begreifen. Er findet das Boot am anderen Ufer, aber ohne Ruder. Das hat der Knabe absichtlich versteckt, um eine Verfolgung durch den Vater zu vereiteln. Siddhartha zimmert ein neues Ruder. Er verfolgt den Jungen bis zu Kamalas früherem Haus und Lustgarten am Rande der Stadt: *Tief fühlte er die Liebe zu dem Entflohenen im Herzen wie eine Wunde und fühlte zugleich, dass ihm die Wunde nicht gegeben war, um in ihr zu wühlen, dass sie zur Blüte werden und strahlen müsse.*

Es ist die rettende Erkenntnis. Wir dürfen den Schmerz nicht verdrängen. Wir müssen ihn noch verschärfen, um ihn voll und ganz auszuleben. Wir müssen den Schmerz beweinen, bewüten, spüren und begreifen. Wir müssen an ihm reifen. Wir vermögen ihn schließlich zu beenden. Der Dichter Bernt von Heiseler formuliert dies in einem fünfzeiligen Gedicht *Ad me ipsum* (*An mich selbst*) so:

Den Schmerz, der anklopft, lass ihn ein –
Was hülfe Furcht und Flucht?
Lass ihn das Kind im Hause sein,
Dann wurzelt er und wohnt sich ein
Und lohnt mit guter Frucht.

Lange noch brennt die Wunde in Siddhartha. Wie schlägt sein Herz, wenn er einen Reisenden mit dem Boot übersetzen muss, der einen Sohn bei sich hat. Wie beneidet ihn Siddhartha um dieses Glück. Aber dann wird der Schmerz milde: *Er erinnerte sich, wie er vor Zeiten, ein Jüngling, seinen Vater gezwungen hatte, ihn zu den Büßern gehen zu lassen, wie er Abschied von ihm genommen hatte, wie er gegangen und nie mehr wiedergekommen war. Hatte nicht auch sein Vater um ihn dasselbe Leid gelitten, wie er es nun um seinen Sohn litt? War nicht sein Vater schon längst gestorben, allein, ohne seinen Sohn wiedergesehen zu haben? Musste er selbst nicht diesselbe Schicksal erwarten? … Der Fluss lachte. Ja, es war so, es kam alles wieder, was nicht bis zu Ende gelitten und gelöst ward, es wurden immer wieder dieselben Leiden gelitten.*

Im ziehenden Wasser erscheinen Siddhartha, der Verzicht auf den Sohn geleistet hat und der der Verklärung und Vollendung entgegengeht, die Bilder, die jeden von uns bewegen: *Sein Vater erschien, einsam, um den Sohn trauernd, er selbst erschien, einsam, auch er mit den Banden der Sehnsucht an den fernen Sohn gebunden. Es erschien sein Sohn, einsam auch er, der Knabe, begehrlich auf der brennenden Bahn seiner jungen Wünsche stürmend, jeder auf sein Ziel gerichtet, jeder vom Ziel besessen, jeder leidend.*

Als älterer Mensch, der selbst lernen muss loszulassen, bin ich von den sieben *Lebensregeln für ältere Menschen im Verhältnis zu jüngeren* beeindruckt. Der protestantische Theologe Karl Barth hat sie, achtzigjährig, als Quintessenz seines reifen Altwerdens verfasst. Sie lauten:

1. *Du sollst dir klar machen, dass die jüngeren, die verwandten oder sonst lieben Menschen beiderlei Geschlechts ihre Wege nach ihren eigenen (nicht deinen) Grundsätzen, Ideen und Gelüsten zu gehen, ihre eigenen Erfahrungen zu machen und nach ihrer eigenen (nicht deiner) Façon selig zu sein und zu werden das Recht haben.*

2. *Du sollst ihnen also weder mit deinem Vorbild noch mit deiner Altersweisheit, noch mit deiner Zuneigung, noch mit Wohltaten nach deinem Geschmack zu nahe treten.*

3. *Du sollst sie in keiner Weise an deine Person binden und dir verpflichten wollen.*

4. *Du sollst dich weder wundern noch gar ärgern und betrüben, wenn du merken musst, dass sie öfters keine oder nur wenig Zeit für dich haben, dass du sie, so gut du es mit ihnen meinen magst und so sicher du deiner Sache ihnen gegenüber zu sein gedenkst, gelegentlich störst und langweilst und dass sie dann unbekümmert an dir und deinen Ratschlägen vorbeibrausen.*

5. *Du sollst bei diesem ihrem Tun reumütig denken, dass du es in deinen jüngeren Jahren den damals Älteren vielleicht (wahrscheinlich) ganz ähnlich gehalten hast.*

6. *Du sollst also für jeden Beweis von echter Aufmerksamkeit und ernstlichem Vertrauen, der dir von ihrer Seite widerfahren mag, dankbar*

sein, du sollst aber solche Beweise von ihnen weder erwarten noch gar verlangen.

7. *Du sollst sie unter keinen Umständen fallen lassen, sollst sie vielmehr, indem du sie freigibst, in heiterer Gelassenheit begleiten, im Vertrauen auf Gott auch ihnen das Beste zutrauen, sie unter allen Umständen lieb behalten und für sie beten.*

Liebe

Ein Tropfen Liebe ist mehr als ein Ozean an Verstand und Wille.

Blaise Pascal
(1625–1662)
Gedanken

Die Liebe bedeutet auch die Fähigkeit, eine Trennung auszuhalten und nach der Trennung weiter zu lieben. Das hat Siddhartha nach der Flucht seines Sohnes in einem letzten schmerzlichen Prozess begriffen. Er hat die Prüfung der Liebe bestanden. Wer diese nicht angeht, der versteckt sich vor dem Leben und bleibt unreif wie eine noch harte Frucht. Erich Fromm sagt (in *Der kreative Mensch*): *Die meisten Menschen sterben, bevor sie ganz geboren sind.* Siddhartha hat sich unter den schmerzhaften Wehen eines ganzen Lebens immer wieder neu geboren.

Nun vermag Siddhartha die Menschen mit Anteilnahme und Wärme, ohne die frühere

DIE WELT ZU DURCHSCHAUEN,
MAG GROSSER DENKER SACHE SEIN.
MIR ABER LIEGT EINZIG DARAN,
DIE WELT LIEBEN ZU KÖNNEN.

›SIDDHARTHA‹

Arroganz, anzusehen: *Obwohl er nahe der Vollendung war und an seiner letzten Wunde trug, schien ihm doch, diese Kindermenschen seien seine Brüder, ihre Eitelkeiten, Begehrlichkeiten und Lächerlichkeiten verloren das Lächerliche für ihn, wurden begreiflich, wurden liebenswert, wurden ihm sogar verehrungswürdig.* Um all dieser „Lächerlichkeiten“ willen leisten wir Menschen doch Unendliches. Thomas Mann nennt sie die *Wonnen der Gewöhnlichkeit*. Sie sind der Inhalt unseres Lebens. Sie sind unser Lebenselixier.

Das will jedoch nicht heißen, dass Siddhartha nur in die Sphäre der Kindermenschen eintaucht und sich ihnen gleich macht. Denn, nach Hesse, sollen wir den Kindermenschen in uns bejahen u n d zugleich zu ihm eine transzendentale Differenz bewahren. Das wäre echte, spannungsvolle Polarität. Siddhartha kann nunmehr diese Spannung ohne Groll, in liebendem Verständnis aushalten:

Liebenswert und bewundernswert waren diese Menschen in ihrer blinden Treue, ihrer blinden Stärke und Zähigkeit. Nichts fehlte ihnen, nichts hatte der Wissende und Denker vor ihnen voraus als eine einzige Kleinigkeit, eine einzige winzige kleine Sache: das Bewusstsein, den bewussten Gedanken der Einheit alles Lebens … In allem andern waren die Weltmenschen dem Weisen ebenbürtig, waren ihm oft weit überlegen, wie auch Tiere in ihrem zähen, unbeirrten Tun des Notwendigen in manchen Augenblicken den Menschen überlegen scheinen können. Langsam blühte, langsam reifte in Siddhartha die Erkenntnis, das Wissen darum, was eigentlich Weisheit sei, was seines langen Suchens Ziel sei. Es war nichts als eine Bereitschaft der Seele, eine Fähigkeit, eine geheime Kunst, jeden Augenblick, mitten im Leben, den Gedanken der Einheit denken, die Einheit fühlen und einatmen können. Langsam blühte dies in ihm auf, strahlte ihm aus Vasudevas altem Kindergesicht wider: Harmonie, Wissen und die ewige Vollkommenheit der Welt, Lächeln, Einheit.

Nun braucht Siddhartha den Vasudeva, den Weisen, nicht mehr. Siddhartha wird allein in die Vollendung gehen. *„Ich habe auf diese Stunde gewartet, Lieber“, sagt Vasudeva und berührt Siddharthas Schultern zärtlich mit der Hand, „nun, da sie gekommen ist, lass mich gehen. Lang habe ich auf diese Stunde gewartet, lange bin* *ich der Fährmann Vasudeva gewesen. Nun ist es genug. Lebe wohl, Hütte, lebe wohl, Fluss, lebe wohl, Siddhartha!* Vasudeva wird in die Wälder, in die Einheit gehen, um zu sterben. Er hat keine Furcht, denn er ist getragen von dem Gefühl, erfüllt gelebt zu haben.

Sterben zu müssen, ohne gelebt zu haben, das wäre bitter, gibt uns Hesse zu verstehen. Aber wir müssen immer wieder das alte Ego sterben lassen, damit das neue Ich entstehen kann. In diesem Sinne reimte der Mystiker Jakob Böhme (1575–1624):

Wer nicht stirbt,
bevor er stirbt,
der verdirbt,
wenn er stirbt.

Wer sich in Leid und Freud verschwenderisch dem Leben hingibt und sich dabei immer wieder erneuert, der zieht dem Tod den Stachel.

Ein weiteres Mal, ein letztes Mal begegnet Siddhartha dem alten Freund Govinda. Eines Tages taucht dieser in der Hütte auf. Siddhartha richtet ihm das Lager, das einst Vasudevas Lager gewesen war. Die Stunden sind voller Gespräche. Kein Wunder, die Freunde haben sich ein ganzes Leben zu erzählen. Wieder stellt der buddhistische Mönch Govinda, der Zeit seines Lebens nach Gefolgschaft gesucht hat, die alte Frage an Siddhartha: „*Hast du eine Lehre? Hast du einen Glauben oder ein Wissen, dem du folgst, das dir leben und recht tun hilft?*"

Wieder einmal bescheidet ihn Siddhartha mit jener Erkenntnis, die die Quintessenz seines Suchens darstellt: *Du weißt, Lieber, dass ich schon als junger Mann, damals, als wir bei den Büßern im Walde lebten, dazu kam, den Lehren und Lehrern zu misstrauen und ihnen den Rücken zu wenden. Ich bin dabei geblieben.*

Wie hatte Siddhartha nach der Begegnung mit dem größten Lehrmeister seiner Zeit, dem Gotama Buddha, als Jüngling vor Jahrzehnten erkannt: *Wahrlich, kein Ding in der Welt hat so viel meine Gedanken beschäftigt wie dieses mein Ich, dies Rätsel, dass ich lebe, dass ich einer und von allen anderen getrennt und abgesondert bin ... dass ich nichts von mir weiß, dass Siddhartha mir so fremd und unbekannt geblieben ist, das kommt aus einer Ursache, einer einzigen: ich hatte Angst vor mir, ich war auf der Flucht vor mir! ... Bei mir selbst will ich lernen, will ich Schüler sein, will ich mich kennenlernen, das Geheimnis Siddhartha.*

Das größte Geheimnis bin ich selbst. Vielleicht mag ein ganzes Leben mir nicht reichen, dieses Rätsel zu ergründen. Aber ich muss mich ihm stellen. So schreibt die Psychologin Irmgard Hülsemann in ihrem Nachruf auf ihren gestorbenen Weggefährten, den Männertheoretiker und Männertherapeuten Wilfried Wieck, in einem Gedicht:

> *Trugst als Geheimnis dich*
> *durch deine Jahre*
> *wie einen schweren Schatz, den du*
> *nicht hebst – bis in den Tod.*
> (Aus: *Sein Herz war ein blauer Vogel*).

Wer das Tiefste gedacht, heißt es bei Friedrich Hölderlin, *liebt das Lebendigste*. Doch wie soll Siddhartha dies Govinda vermitteln, der doch ein Leben lang ein Schüler geblieben ist und die Autorität des Lehrers und seiner Lehrsätze abwartet. Das geistige Fazit unseres Lebens ist nicht in Lehrformeln zu pressen. Wenn wir es überhaupt weiterzugeben vermögen, dann durch unsere Ausstrahlung, Haltung und Vorbild, durch unser konkludentes, also schlüssiges, Handeln.

Siddhartha formuliert es so: *Sieh, mein Govinda, dies ist einer meiner Gedanken, die ich gefunden habe: Weisheit ist nicht mitteilbar, Weisheit, welche ein Weiser mitzuteilen versucht, klingt immer wie Narrheit … Wissen kann man mitteilen, Weisheit aber nicht.*

Es ist eine heilige Stunde, in der Siddhartha seinem alt gewordenen Govinda die so schmerzhaft erlittene Wahrheit über die Welt zu vermitteln versucht: „*Die Welt, Freund Govinda, ist nicht unvollkommen oder auf einem langsamen Wege zur Vollkommenheit begriffen: nein, sie ist in jedem Augenblick vollkommen, alle Sünde trägt schon die Gnade in sich, alle kleinen Kinder haben schon den Greis in sich, alle Säuglinge den Tod, alle Sterbenden das ewige Leben … darum scheint mir das, was ist, gut, scheint mir*

Tod wie Leben, Sünde wie Heiligkeit, Klugheit wie Torheit, alles muss so sein, alles bedarf nur meiner Zustimmung, nur meiner Willigkeit, meines liebenden Einverständnisses, so ist es für mich gut, kann mir nie schaden. Ich habe an meinem Leibe und an meiner Seele erfahren, dass ich der Sünde sehr bedurfte, ich bedurfte der Wollust, des Strebens nach Gütern, der Eitelkeit und bedurfte der schmählichsten Verzweiflung, um das Widerstreben aufzugeben zu lernen, um die Welt lieben zu lernen … sie zu lassen, wie sie ist, und sie zu lieben und ihr gerne anzugehören."

Die Liebe – sie ist der Weisheit letzter Schluss. Die Lehren sind kalt, ohne Feuer. Den Lehren fehlt der gute Geschmack am Leben. Das Leben selbst ist die größte Lehre, die es gibt. Siddhartha zu Govinda: „*Mögen die Dinge Schein sein oder nicht, auch ich bin alsdann ja Schein, und so sind sie stets meinesgleichen. Das ist es, was sie mir so lieb und verehrenswert macht: sie sind meinesgleichen. Darum kann ich sie lieben. Und dies ist nun eine Lehre, über welche du lachen wirst; die Liebe, o Govinda, scheint mir von allem die Hauptsache zu sein. Die Welt zu durchschauen, sie zu erklären, sie zu verachten, mag großer Denker Sache sein. Mir aber liegt einzig daran, die Welt lieben zu können, sie nicht zu verachten, sie und mich nicht zu hassen, sie und mich und alle Wesen mit Liebe und Bewunderung und Ehrfurcht betrachten zu können.*"

Die Welt und mich mit Liebe und Bewunderung und Ehrfurcht betrachten zu können. Diesen Satz muss man als Leser in sein Herz nehmen. Es ist das *tat twam asi*, das *Ich bin du* der alten indischen Philosophie. Das heißt mein Nächster ist nicht nur ein Mensch wie ich, sondern er ist Ich. Die Trennung zwischen dem Ich und dem Du ist Täuschung, der Schleier der Maja. Der andere ist nicht ein „Gegenstand" meines Interesses oder meiner Anteilnahme, sondern ich bin, Kraft der uns beide verbindenden Menschlichkeiten, ein Stück von ihm. Er ist ein Stück von mir.

Dieses *tat twam asi* vertieft den ethischen Sinn der Nächstenliebe. Wenn wir begriffen haben, dass die Welt auch in diesem Sinn eine Einheit ist, können wir uns dann noch als einzelne Teile und Glieder dieses Ganzen weh tun?

Hesse, der selbst so viel unter der evangelikalen Drohbotschaft seiner pietistischen Eltern gelitten hat, führt den Gedanken der Selbstliebe zu einer Tiefe, die kosmische Qualität hat. Der von Hesse hoch geschätzte Mystiker Meister Eckhart (1260–1327) hat diesen Gedanken über die Selbstliebe (in *Deutsche Predigten und Traktate*) so spiritualisiert: *Hast du dich selbst lieb, so hast du alle Menschen lieb wie dich selbst. Solange du einen einzigen Menschen weniger lieb hast als dich selbst, so hast du dich selbst nie wahrhaft lieb gewonnen, wenn du nicht alle Menschen so lieb hast wie dich selbst, in einem Menschen alle Menschen: und dieser Mensch ist Gott und Mensch. So steht es recht mit einem solchen Menschen, der sich selbst lieb hat und alle Menschen so liebt wie sich selbst, mit dem ist es gar recht bestellt.*

Hesses Rekurs auf die Liebe ist aber auch eine christliche Rückwendung. Immer wieder betonte Hesse, dass er das Tiefste nicht nur in den Upanischaden, bei Buddha, bei Konfuzius und bei Lao-Tse gefunden habe, sondern auch im Neuen Testament: *Dass mein „Siddhartha" nicht die Erkenntnis, sondern die Liebe oben an-*

stellt, mag man als Zurückneigen zum Christentum, ja als einen wahrhaft protestantischen Zug empfinden. Der indische Imperativ *Liebe den Nächsten, denn er ist du selbst!* findet sich, nach Hesse, wieder in dem christlichen Glaubenssatz *Liebe deinen Nächsten wie dich selbst.*

Doch wie können wir einen Menschen gewinnen? Wir versuchen es meist, indem wir ihn mit Reden überschütten und ihn von unserer Auffassung überzeugen wollen. Wir versuchen, ihn zu indoktrinieren. Wir behaupten. Wir reden und reden. Aber Erlösung geschieht nicht durch Worte. Hesse lässt Siddhartha etwas völlig Unerwartetes tun. Als dieser erkennt, dass seine Worte das Herz Govindas nicht erreichen und alle Theorie bei diesem keinen Funken der Erkenntnis schlägt, besinnt er sich auf die Liebe als die beste Brücke zum anderen Menschen. Siddhartha fordert Govinda auf, ihn zu küssen.

Der Kuss ist das psychologische Symbol der Hingabe des Ichs, des Vertrauens und der Verschmelzung. Der Kuss bedeutet die frühere kindliche Alleinheit mit der Mutter. Der Kuss ist das Leben selbst in seinem nährenden Wesen. In der Zärtlichkeit des Kusses sorge ich mich um die Zartheit und Zerbrechlichkeit des geliebten Menschen. Ich spüre im Kuss die Bedürftigkeit, die vergängliche Schönheit, die Endlichkeit des anderen. Ich werde mir zugleich meines eigenen metaphysischen Hungers nach Gehaltenwerden und Liebe bewusst. Im Kuss liegt vorübergehende Erlösung aus der Einsamkeit und der Unrast des Seins. Mit dem ersten Kuss hatte auch Kamala den jungen Siddhartha von seiner asketischen Weltverneinung befreit.

Mit seinem Kuss schenkt Siddhartha dem immer noch zögernden, skeptischen Govinda jenes Erleuchtungserlebnis, das der alte Mann sein ganzes Mönchsleben hindurch gesucht hat: *Er sah seines Freundes Siddharthas Gesicht nicht mehr. Er sah stattdessen andre Gesichter, viele, eine lange Reihe, einen strömenden Fluss von Gesichtern, von Hunderten, von Tausenden, welche alle kamen und vergingen und doch alle zugleich da zu sein schienen, welche alle sich beständig veränderten und erneuerten, und welche doch alle Siddhartha waren. Er sah das Gesicht eines Fisches, eines Karpfens, mit unendlich schmerzlich geöffnetem Maule, eines sterbenden Fisches, mit brechenden Augen – er sah das Gesicht eines neugeborenen Kindes, rot und voll Falten, zum Weinen verzogen – er sah das Gesicht eines Mörders, sah ihn das Messer in den Leib eines Menschen stechen – er sah, zur selben Sekunde, diesen Verbrecher gefesselt knieend und sein Haupt vom Henker mit einem Schwertschlag abgeschlagen werden – er sah die Körper von Männern und Frauen nackt in Stellungen und Kämpfen rasender Liebe – er sah Leichen ausgestreckt, still, kalt, leer – er sah Tierköpfe, von Ebern, von Krokodilen, von Elefanten, von Stieren, von Vögeln – er sah Götter, er sah Krishna, sah Agni – er sah alle diese Gestalten und Gesichter in tausend Beziehungen zueinander, jede der anderen helfend, sie liebend, sie hassend, sie vernichtend, sie neu gebärend, jede war im Sterbenwollen, ein leidenschaftlich schmerzendes Bekenntnis der Vergänglichkeit ... und, so sah Govinda dies Lächeln der Maske, dies Lächeln der Einheit über den strömenden Gestaltungen, dies Lächeln der Gleichzeitigkeit über den tausend Geburten und Toden, dies Lächeln Siddharthas war genau dasselbe, war genau das gleiche, stille, feine undurchdringliche, vielleicht gütige, vielleicht spöttische, weise, tausendfäl-*

tige Lächeln Gotamas, des Buddha, wie er selbst es hundert Mal mit Ehrfurcht gesehen hat. So, das wusste Govinda, lächelten die Vollendeten.

Im Gefühl der innigsten Liebe bricht Govinda in Tränen aus: *Tief verneigte er sich, bis zur Erde, vor dem regungslos Sitzenden, dessen Lächeln ihn an alles erinnerte, was er in seinem Leben jemals geliebt hatte, was jemals in seinem Leben ihm wert und heilig gewesen war.*

Siddhartha und Govinda haben sich dem Lebensstrom anvertraut und sind dem Rätsel des Lebens nahe gekommen. Hesse beschreibt das unruhevolle Spiel des Lebens mit seiner nie ablassenden Dynamik in der ersten und der letzten Strophe seines Gedichts *Klage* mit revolutionärer Verve:

Uns ist kein Sein vergönnt. Wir sind nur Strom,
Wir fließen willig allen Formen ein:
Dem Tag, der Nacht, der Höhle und dem Dom,
Wir gehn hindurch, uns treibt der Durst nach Sein (…)

Einmal zu Stein erstarren! Einmal dauern!
Danach ist unsre Sehnsucht ewig rege,
Und bleibt doch ewig nur ein banges Schauern,
Und wird doch nie zur Rast auf unsrem Wege.

Hesse ist kein Vertreter einer fertig formulierten Lehre, sondern ein Beschwörer der flüssigen Wahrheit: des Werdens und der Wandlungen. Sein *Siddhartha* ist ein humanistisches Bekenntnis zur Liebe. *Nicht richten und hassen,* gesteht er in seinem Gedicht *Besinnung, sondern geduldige Liebe, liebendes Dulden führt uns dem heiligen Ziele näher.*

Der Dichter erspart uns nicht, das Chaos der Welt anzublicken. Er lässt uns mit Siddhartha spüren, dass der Fluss des Lebens nicht nur von gutmütiger Energie ist, sondern uns gelegentlich mit seinem hohen Wellengang an Klippen wirft und uns zu verschlingen droht. Hesse ist kein gemütlicher Denker. Er vermittelt uns, neben dem Gedanken der Alleinheit, nicht anders als ein existenzieller Denker wie Sören Kierkegaard, eine Ahnung auch von der kosmischen Kälte des Universums.

Die Liebe ist bei Hesse der archimedische Hebel, mit dem der Kosmos der Welt und unser Ich zu bewegen ist. So bekennt Hesse in einem Brief 1931: *Ich bin kein Vertreter einer festen, fertig formulierten Lehre, ich bin ein Mensch des Werdens und der Wandlungen, und so steht neben dem „jeder ist allein" in meinen Büchern auch noch anderes, zum Beispiel ist der ganze Siddhartha ein Bekenntnis zur Liebe …*

Hesse führt uns Nachgeborene aus der Enge der Konfessionalität in eine weltumspannende Spiritualität, aus der Jenseitigkeit in die Diesseitigkeit, aus dem Kollektivismus in die Schönheit des Individuellen, aus der Gleichgültigkeit in die Liebe. Für den Dichter gibt es, wie er bekennt, *nur eine Lehre, es gibt nur eine Religion … tausend Formen, tausend Verkünder, aber nur einen Ruf, nur eine Stimme. Die Stimme Gottes kommt nicht von Sinai und nicht aus der Bibel. Das Wesen der Liebe, der Schönheit, der Heiligkeit, liegt nicht im Christentum, nicht in der Antike, nicht bei Goethe … Es liegt in dir, in dir und in mir, in jedem von uns. Dies ist die alte, einzige, immer in sich gleiche Lehre, unsere einzige ewige gültige Wahrheit. Es ist die Lehre vom „Himmelreich“, welches wir „inwendig in uns“ tragen.*

Hesse fordert uns zur Entfaltung des Ich als Lebensaufgabe auf. Diese Evolution und Revolution des Ich ist nicht mit jener egoistischen *Ich-AG* und den *Egotaktikern* der postmodernen Beliebigkeit und Cleverness zu verwechseln, die uns zu Beginn unserer Reflexion in der Shell-Jugendstudie begegnete. Hesses Ich ist bei allem programmatischen Individualismus des Autors immer auch ein aufopferungsvolles, um menschliche Belange engagiertes, soziales Ich. Es ist, um einen Begriff des Hesse-Freundes Thomas Mann zu verwenden, *Weltfrömmigkeit*. Es ist ein Ich, das in einem an sich sinnlosen Sein überhaupt erst Sinn stiftet.

Dieser Aufgabe der Sinnsuche und Sinnstiftung kann sich kein Mensch entziehen. Diesen Schöpfungsakt vermögen keine Lehrer und keine Lehren, keine Ideologie, keine Politik und keine Religion stellvertretend für mich zu verrichten. In einem Brief von 1956 betont der alte Dichter das noch einmal: *Wir verlangen, das Leben müsse einen Sinn haben – aber es hat nur ganz genau so viel Sinn, als wir ihm selber zu geben im Stande sind. Weil der Einzelne das nur unvollkommen vermag, hat man in den Religionen und Philosophien versucht, die Frage tröstend zu beantworten. Diese Antworten laufen alle auf das Gleiche hinaus: den Sinn enthält das Leben einzig durch die Liebe. Das heißt: Je mehr wir zu lieben und uns hinzugeben fähig sind, desto sinnvoller wird unser Leben.*

Siegfried Unseld, Hermann Hesses inzwischen verstorbener großartiger Verleger, hat (1976) den Dichter enthusiastisch gewürdigt: *Keine Flucht ins Exotische, kein elfenbeinerner Turm. Hesses Weg nach innen ist anders, er ist sehen u n d erkennen, ist begreifen u n d träumen, ist Ratio u n d Magie … Das Buch „Siddhartha" ist ein Buch des Aufbruchs, ein Buch der Rebellion, ein Buch, das Religion revolutioniert, ein Buch des Protests gegen Lehre und Dogma. Ein Buch des Sich-Suchens und Sich-Findens. Ein Buch der Liebe.* Siegfried Unseld kommt zu dem Schluss: *Wer Hesses „Siddhartha" liest, nachdenkt, erfährt, ist gefeit gegen äußerliche Unterordnung, gegen Anpassung, gegen Unfreiheit.* Siegfried Unseld hat mit diesen Worten wohl sein eigenes Testament verlegerischer Aufklärung beschrieben.

Hesse lesen heißt, auch von ihm Abschied nehmen und über ihn hinaus weiter zu denken, weiter zu spüren; grundsätzlich nicht anders, als es Siddhartha nach seiner Begegnung mit Buddha, dem Erhabenen, tat. Der *wahre Leser*, fordert der Dichter Novalis (1772–1801), muss der *erweiterte Leser* sein. Das will sagen: Jeder Leser muss und darf das Buch eines Dichters für sich übersetzen, *transzendieren* und weiterschreiben. Nur so bewältigen wir die Stationen unserer mühseligen und doch so aufregenden Lebenswanderschaft.

Unsere Lebensstationen sind, wie bei Siddhartha, keine Zufallsorte. Sie sind auch keine sinnlosen Kreisläufe. Sie sind *Stufen*, die uns, wie den schönen indischen Jüngling Siddhartha, heben, weiten.

Deshalb schließe ich, liebe Leserin, lieber Leser, unsere denkerische Schiffsreise auf dem Fluss des Lebens mit dem vielleicht schönsten Gedicht Hermann Hesses, *Stufen*:

Wie jede Blüte welkt und jede Jugend
Dem Alter weicht, blüht jede Lebensstufe,
Blüht jede Weisheit auch und jede Tugend
Zu ihrer Zeit und darf nicht ewig dauern.
Es muss das Herz bei jedem Lebensrufe
Bereit zum Abschied sein und Neubeginne,
Um sich in Tapferkeit und ohne Trauern
In andre, neue Bindungen zu geben.
Und jedem Anfang wohnt ein Zauber inne,
Der uns beschützt und der uns hilft, zu leben.

Wir sollen heiter Raum um Raum durch-
schreiten,
An keinem wie an einer Heimat hängen,
Der Weltgeist will nicht fesseln uns und engen,
Er will uns Stuf' um Stufe heben, weiten.
Kaum sind wir heimisch einem Lebenskreise
Und traulich eingewohnt, so droht Erschlaffen,
Nur wer bereit zu Aufbruch ist und Reise,
Mag lähmender Gewöhnung sich entraffen.

Es wird vielleicht auch noch die Todesstunde
Uns neuen Räumen jung entgegensenden,
Des Lebens Ruf an uns wird niemals enden...
Wohlan denn, Herz, nimm Abschied und
gesunde!

Ein Verlag, ein Haus, eine Philosophie.

Millionen Bundesbürger kennen den kämpferischen Ganzheitsarzt Dr. Max Otto Bruker (1909–2001) aus dem Fernsehen, aus Vorträgen, durch den „Mundfunk" überzeugter Patienten. Vor allem lesen sie aber die rund 30 Bücher des schwäbischen Humanisten und Seelenarztes. Mit einer Buchauflage von über drei Millionen Exemplaren ist Max Otto Bruker der wohl bedeutendste medizinische Erfolgsautor im deutschsprachigen Raum. Der – in der Nachfolge des Schweizer Reformarztes Bircher-Benner scherzhaft „Deutschlands Vollwertpapst" genannte – Massenaufklärer, langjährige Klinikchef und Ernährungsspezialist lehrte zwei fundamentale Erkenntnisse Patienten wie Gesunden: Der Mensch wird krank, weil er sich falsch ernährt. Der Mensch wird krank, weil er falsch lebt.

Hinter den Erfolgstiteln des emu-Verlages steht ein bedeutender Forscher und Arzt, eine Bewegung, ein Haus und tausende Schülerinnen und Schüler. 1994 wurde das „Dr.-Max-Otto-Bruker-Haus", das Zentrum für Gesundheit und ganzheitliche Lebensweise, auf der Lahnhöhe in Lahnstein bei Koblenz bezogen. Es stellt die äußere Krönung des Brukerschen Lebenswerkes dar: Der lichte Bau mit seinem Grasdach, den Sonnenkollektoren und den Wasserrecyclinganlagen, seinen Seminarräumen, dem Foyer mit der Glaskuppel, dem liebevollen Biogarten und dem Kneipp-Tretbecken, ist als Treffpunkt für all jene konzipiert, denen körperliche und seelische Gesundheit, ökologische und spirituelle Harmonie Herzensbedürfnis und Sehnsucht sind.

Hinter dem eleganten Halbmondkorpus verbirgt sich eine Begegnungsstätte für Gesundheitsbewusste, Seminarteilnehmer, Trost-, Ruhe- und Anregungsbedürftige.

Das Dr.-Max-Otto-Bruker-Haus

Feste Termine:

Jeden Dienstag, 18.30 Uhr: Vortrag Dr. phil. Mathias Jung (Lebenshilfe und Philosophie)
Jeden Mittwoch, 10.30 Uhr: Fragestunde mit Dr. med. Jürgen Birmanns (Ärztlicher Rat aus ganzheitlicher Sicht)

Ausbildung Gesundheitsberater/in GGB
Lebensberatung/Frauen-, Männer- und Paargruppen

Die vitalstoffreiche Vollwertkost hat ihre Verbreitung, auch im klinischen Bereich, durch die unermüdliche Information und praktische Durchführung von Dr. M. O. Bruker gefunden. Um die Erkenntnisse gesunder Lebensführung und die durch falsche Ernährung provozierte Krankheitslawine ins öffentliche Bewusstsein zu rücken, bildet die von ihm 1978 gegründete „Gesellschaft für Gesundheitsberatung GGB e. V." ärztlich geprüfte Gesundheitsberaterinnen und Gesundheitsberater GGB aus. Über 4000 Frauen und Männer haben bislang die berufsbegleitende Ausbildung bestanden und wirken in Volkshochschulen, Bioläden, Lehrküchen, Krankenhäusern, ärztlichen Praxen, Krankenversicherungen und ähnlichen Bereichen.

Auf der Lahnhöhe erhalten sie durch das GGB-Expertenteam nicht nur eine sorgfältige Grundlagenausbildung über die vitalstoffreiche Vollwerternährung und den Krankmacher der „entnatürlichten" (denaturierten) Zivilisationsernährung (raffinierter Fabrikzucker, Auszugsmehle, fabrikatorische Öle und Fette, tierisches Eiweiß usw.), sondern gewinnen auch Einblick in die leibseelischen Zusammenhänge der Krankheiten.

Anfragen zur Gesundheitsberater-Ausbildung wie zu den Selbsterfahrungsgruppen, Lebensberatung, Paartherapie und Psychotherapie bei Dr. Mathias Jung und weiteren Tages- und Wochenendseminaren sowie Einzelberatung sind zu richten an die Gesellschaft für Gesundheitsberatung GGB e.V., Dr.-Max-Otto-Bruker-Str. 3, 56112 Lahnstein (Tel.: 02621/ 917010, 917017, 917018, Fax: 02621/917033).

Fordern Sie ebenfalls ein kostenloses Probe-Exemplar der Zeitschrift „Der Gesundheitsberater" an!

Von Dr. Jung sind im emu-Verlag bisher erschienen:

die rote reihe, band 1

die rote reihe, band 2

die rote reihe, band 3

die gelbe reihe, band 1

die gelbe reihe, band 2

die blaue reihe, band 1

die blaue reihe, band 2

Eine Bibelinterpretation nach Walther H. Lechler

Von Dr. Jung sind in der Sprechstunden-Reihe aus dem emu-Verlag bisher erschienen:

Dr. phil. Mathias Jung
Trennung
als
Aufbruch
Bleiben oder gehen?
Ein Ratgeber aus der Praxis.

Dr. phil. Mathias Jung
Mut zum
Ich
Auf der Suche nach dem EigenSinn

Dr. phil. Mathias Jung
das
sprachlose
Paar
Wege aus der Krise

Dr. phil. Mathias Jung
Seele
Sucht
Sehnsucht
Wege zur Klarheit

Mathias Jung
Mit Illustrationen von Andrea Montermann
Zeit für Zärtlichkeit
Vom Abenteuer der Zuneigung
emu Verlag

Vom gleichen Autor erschienen folgende Vorträge als Audiokassetten im emu-Verlag

Lebensberatung

- Mein Charakter – mein Schicksal?
- Depression als Chance
- Das Verdrängte in unserer Seele
- Die Wunde der Ungeliebten
- Das Nein in der Liebe
- Was ist der Sinn des Lebens?
- Meine Sprache – meine Seele
- Söhne brauchen Väter
- Krankheit als Kränkung und Anpassung
- Eifersucht – ein Schicksalsschlag?
- Der Mann – ein emotionales Sparschwein
- Geschwisterliebe – Geschwisterrivalität
- Verlassen und verlassen werden
- Neurodermitis – Fehlernährter Körper – Aufgekratzte Seele
- Das sprachlose Paar
- Zweite Lebenshälfte – Endlichkeit und Aufbruch
- Das Drama der Trennung
- Ein Zimmer für mich
- Mut zur Angst
- Sexualität – Lust und Last
- Außenbeziehung – Krise oder Chance
- Liebesverträge in der Beziehung
- Lob der Einsamkeit
- Aggressionen unter Liebenden
- Mehr Zeit für mich
- Alkoholkrank: Der Betroffene und seine Familie
- Lebensbedingte Krankheiten nach Dr. M. O. Bruker
- Meditation: Freude – Angst – Hoffnung
- Alter und Tod. Rätsel der Natur
- Verzeihen und Versöhnen
- Frieden mit den Eltern
- Das Paar im Wandel: Jugend, Mitte, Alter
- Sexueller Missbrauch
- Seele – Sucht – Sehnsucht
- Organtransplantation – Sterben auf Bestellung?
- Zeit für Zärtlicheit – Vom Abenteuer der Zuneigung
- Liebe in der Zeit der Unverbindlichkeit

Märchendeutung

- Siddhartha – der Fluss des Lebens
- Der kleine Prinz – mein verschüttetes Ich
- Froschkönig – Glück und Zähneklappern der Liebe
- Hans mein Igel – das verletzte Kind in mir
- Des Kaisers neue Kleider – Sein und Schein
- Schneewittchen – das Drama des Neides
- Eisenhans – wie ein Mann ein Mann wird
- Das tapfere Schneiderlein – Mut zum Leben
- Die Möwe Jonathan – Eigen-Sinn
- Hänsel und Gretel – Elternablösung
- Das hässliche Entlein – Außenseiter
- Blaubart – Befreiung der Weiblichkeit
- Der Fischer und seine Frau – das sprachlose Paar

Philosophie

- Sokrates oder Die Norm meines Gewissens
- Seneca oder Die Freude des Augenblicks
- Augustinus oder Der Zwiespalt
- Giordano Bruno oder Die neue Welt
- Descartes oder Der Januskopf der Wissenschaft
- Spinoza oder Das Abenteuer der Diesseitigkeit
- Hobbes oder Die Zähmung der Bestie Mensch
- Leibniz oder Die Beste aller Welten
- Voltaire oder Die Waffe des Geistes
- Kant oder Die Mündigkeit
- Hegel oder Der Fortschritt
- Feuerbach oder Die Sache mit Gott
- Marx oder Die Entfremdung des Menschen
- Schopenhauer oder Die Qual des Seins
- Nietzsche oder Die Hymne auf das Leben
- Heidegger oder Die Angst
- Jaspers oder Die Weltphilosophie
- Hannah Arendt oder Vom tätigen Leben
- Bloch oder Das Prinzip Hoffnung
- Popper oder Die offene Gesellschaft
- Sartre oder die Freiheit